サッカー通訳戦記

戦いの舞台裏で
“代弁者”が
伝えてきた言葉と魂

加部 究 KIWAMU KABE

KANZEN

サッカー通訳戦記

戦いの舞台裏で
“代弁者”が伝えてきた言葉と魂

[写真] 今井恭司（カバー、帯、本文）

[ブックデザイン] アルビレオ

[DTP] アワーズ

[編集協力] 後藤 勝、一木大治朗

[編集] 森 哲也（カンゼン）

CONTENTS

PREFACE まえがき

かつて言葉の壁は厚かった

2002年日韓ワールドカップを終え、ひと息ついた頃にブラジルへ飛んだ。

かつてサンパウロに存在した日系人リーグについて取材をするためだった。現地で多岐に渡る取材対象者との橋渡しをしてくれた梅村良治さん宅で、和やかなコーヒータイムに入った時だった。当時梅村さんは、同国で20世紀最高のチームに選ばれたパルメイラス副会長の秘書を務めていた。

「これから凄く優秀な友人が来る。彼はサンパウロ大学でサッカーの戦術を学んだエリートで、プロの監督を評価するプロジェクトにも入っているんだ」

紹介されて驚いた。彼はJクラブの監督を務め、通算8勝34敗2分けという成績で更迭されたばかりだった。少なくとも結果を見る限り、お世辞にも優秀とは言えない。

しかし彼が指揮をした試合後の記者会見に出席して、いくらなんでも気の毒だと感じたのも事実だった。通訳を務めていたのは年配の日系ブラジル人だった。ポルトガル語で生活をして来たので、残念ながら日本語の方は何が言いたいのか伝わり難いレベルだった。

挨拶やレストランでの注文程度ならともかく、どう見てもサッカーの繊細な会話はお手上げだった。

当時の会見の記憶を引っ張り出して僕は言った。

「キミの通訳は酷かったよ」

「やっぱりそうか…。僕もおかしいとは思っていたんだ」

そう言って彼は切り出した。

「記者会見でのことだ。まず質問が出て、僕は答えた。次に手が挙がり、また質問が出る。最初の質問と変わらない。おかしいと思ったけれど、一応言い方を変えて答えた。すると次にもう1人の記者が質問をして来た。さすがに、オイ！　と言ったよ。だって3人も続けて同じ質問をしてくるはずがないからね」

いったいこのクラブのフロントは、どれだけの無駄遣いをしていたのだろうか。遥々ブラジルまで飛び、せっかく優秀な監督を探し出して契約を結んだ（はずだった）。ところが監督の能力は最後まで藪の中だった。彼がいくら優秀だったとしても、来日した時点で実力を発揮する術がなかったからだ。

かつてサッカーに限らず、極東の日本にとって言葉の壁は厚かった。1967年には日系2世のネルソン吉村さん（後に帰化して吉村大志郎＝故人）が、日本サッカー界にとって初めての助っ人としてやって来たが、ヤンマーディーゼル（セレッソ大阪の前身）のチーム内には、通訳はもちろん、片言でコミュニケーションを図れる存在さえいなかった。

当時ポルトガル語の通訳を探すのがいかに大変だったかを示すエピソードを、吉村さん自身から聞いた。１９７２年5月、王様ペレを擁すサントスが来日した時のことである。

「前の晩、新聞社がインタビューするのに通訳がいない言うんや。喜んで僕が行ったわ。翌日、僕ら（日本代表）が先にウォームアップしとった。するとペレが１００人くらいを引き連れてグラウンドに入って来る。こっちは見とれとったら、ペレが向こうから〝おお、ネルソン〟言うて寄って来よる。ペレと同じグラウンドに立っているだけで、ウォー！　て感じなのに、もう震えるがな」（拙著「サッカー移民」より抜粋）

ブラジルで生まれた吉村さんは、サンパウロでは日系人リーグという名の草サッカーしか経験していなかった。だが日本に来ると頭抜けたテクニックを見せつけ、サントスと対戦する頃には帰化して日本代表の中心選手として活躍していた。つまり翌日対戦する選手が相手チームの看板スターの通訳をしたわけだが、吉村さんにとってはブラジルにいたら雲の上の存在と顔を合わせ、まして自分を覚えてくれたのだから、夢のような出来事だった。

要するにアマチュア時代に来日した助っ人選手たちは、大相撲の世界に入って来る外国人力士と同様に、この国に溶け込み生きていくために日本語を覚えた。逆にコリンチャンスのスター選手だったセルジオ越後さんも、この時代に来日したからこそ独特の解説やコラムを生みだすことが出来た。もし現在だったら専属通訳がついて、日本語を修得することもなく帰国していた可能性もある。

アデマール・マリーニョさんは、ブラジルでも有望なプロの卵だった。しかし所属クラブのクルゼイロには代表クラスが目白押しで、なかなか出場機会が巡って来ない。そこで札幌大学に留学して全国大学選手権で旋風を巻き起こすと、今度はフジタ工業や日産自動車に加入しチームを日本一に導く原動力となった。

そんなマリーニョさんに日本代表通訳の話が舞い込んだのは、セルジオ越後さんがＪＦＡ（日本サッカー協会）の強化委員を務めていたからだった。当時日本代表を指揮していたのは、ブラジル代表としてジーコ、ソクラテス、トニーニョ・セレゾとともに黄金のカルテットを形成したパウロ・ロベルト・ファルカンである。

１９９3年、ハンス・オフトが指揮する日本代表は、カタールのドーハで行われた米国ワールドカップ最終予選に臨んだ。結果は最終戦のアディショナルタイムに同点ゴールを許し、本大会への出場切符を掴み損ねた。「ドーハの悲劇」である。この結果を受けて、ＪＦＡの強化委員会は「世界の修羅場を経験している」人材に次期代表監督を託すことを決め、選手としても監督としてもブラジル代表経験を持つファルカンに白羽の矢を立てたのだ。

実はマリーニョさんとファルカンは、既に17歳の時に出会っている。20歳以下のブラジル全国選手権（サンパウロカップ）が開催され、同宿した2人は大会期間中よく話し意気投合した。

2人とも金髪をなびかせていたので、周囲からは「兄弟じゃないか」と揶揄されたそうである。そしてセルジオ越後さんは、マリーニョさんがファルカンと旧知の間柄だということを知っていた。ファルカンには日本人の通訳がついていたが、1人で多忙を極めていたので「ちょうどいい、手伝ってもらおう」ということになるのだ。

24年ぶりの再会となったが、ファルカンもマリーニョさんのことをしっかりと覚えていた。ただし24年間で2人の運命は乖離した。

ファルカンは、助っ人が解禁された直後のイタリアへ渡り古豪ローマを復活させて、ブラジル代表でも主軸として活躍する。一方マリーニョさんは、1982年スペインワールドカップで、「ローマの鷹」と崇拝されたファルカンがイタリアのゴールに同点弾を叩き込む試合（結果は3－2でイタリアが制した）を、現地のスタンドで観戦していた。

「通訳になってからは24時間ファルカンと一緒で、本当に楽しかった。ローマのこと、ワールドカップのこと、セレソン（ブラジル代表）のこと…、いつも質問攻めですよ。あの時は、どうだったの？って」

しかしファルカン体制は、1年間にも満たない短命に終わった。1994年末、広島で開催されたアジア大会の準々決勝で、宿敵韓国に2－3で敗れ退任するのだ。

「凄く残念だった。僕が通訳になってから東京で2度トレーニングを行って、すぐにアジア大会でしたからね。もしファルカンが日本代表監督に就任した時から僕がスタッフに入っていれば、もっと違うチームが出来ていたと思いますよ」

マリーニョさんには、ファルカンが能力のない監督だとは思えなかった。

「ローマ時代にチームメイトだったブルーノ・コンティ（元イタリア代表・1982年ワールドカップ優勝の立役者）は、あんなに賢い人は見たことがない、と言っていました。戦術も理路整然と説明が出来る。何より一緒にベンチに座っていて、サッカーに対する視点が違いました。細かいところまで見えていて、その上で全体の流れを把握していた。これはこうなる、と予言した通りに試合が動いたことが何度もありました」

ただしファルカンには、日本の情報やアジアの情勢についての知識があまりに不足していた。

マリーニョさんは、今でも悔しそうだ。

「もっといろんな人から話を聞けば良かったのに、ジーコやニカノール（当時ベルマーレ平塚＝現湘南ヘッドコーチ）くらいしか連絡を取らなかったようです。ブラジル代表監督時代に、いろんな人の話を聞き過ぎて失敗した。だから日本では、同じ失敗するなら自分（の責任）ですると決めていたそうです」

相談相手がジーコやニカノールだったと聞いて、広島のアジア大会で岩本輝雄が10番をつけたことが腑に落ちた。ジーコは鹿島アントラーズの前身住友金属でプレーをしていた頃から岩本を高く評価してオファーを出していたそうだし、ニカノールは岩本の才能を見出した張本人である。逆に前任のオフト体制で10番を背負ってきたラモス瑠偉は、ファルカンから敬遠された。マリーニョさんが事情を教えてくれた。

「ブラジルの関係者から誤った情報を与えられていたようです。僕が通訳になってから、ラモスはそんな人間じゃない、と説明して、一緒に食事をする約束をしていた。ところがアジア大会で負けて（食事は）実現しませんでした」

もちろんマリーニョさんは、プロの通訳ではないので言葉に詰まることはあったが、サッカーに関する限り仕事はスムーズに進んだ。

「時々日本語訳が判らないこともありました。例えばFUNILという単語があります。瓶や缶などの狭まった部分、間口の狭いところなんですが〝FUNILを作れ〟と言えば広がり過ぎるな、間延びするな、みたいな意味になります。セルジオ（越後）にも聞いたけれど、やっぱり（日本語訳は）判らなかった。でもサッカーのことでは、ほとんど困らなかったんですよ。ファルカンは、ミーティングなどでも判らないことがあれば何度でも聞くように、と強調していました。ファルカンがくどいほど大事なことを繰り返すので、選手たちからは〝監督じゃなくて、マリーニョが言っているんじゃないの？〟と笑われたほどです」

ファルカンは選手思いの優しい監督だったという。指導者としての自分の能力にも、選手を見極める眼にも自信を持っていたから、自分で選んだプレイヤーが要求するパフォーマンスを出来ないとはまったく考えなかったそうである。

「アジア大会の開幕1週間前のことでした。柱谷（哲二）と井原（正巳）が監督の部屋へ来て、セットプレーのマークの仕方を変えたいと直訴しました。ファルカン体制では、ゾーンで守って来たけれど、それをマンマークにしたいとのことでした。その方が自信があると言うんです。ファルカンは了承しました。でも2人が部屋を出て行くと言うんです。〝選手というのは面白いよね。ドーハではマンマークで負けたのに〟って。どうしてそれを彼らに言わなかったのか尋ねると、せっかくの自信を失くして欲しくなかったから、だと言っていました。まあ、悪い結果ではなかった。韓国には負けたけれど、確かにセットプレーではやられていないから…」

韓国の決勝点は微妙な判定のPKだった。これからという時に退任を伝えられ、ファルカンもショックだったろうな、とマリーニョさんは推測する。

「ブラジルでは3連敗をした監督はクビになると言われています。でも日本へ来てファルカンは、資質の高い選手を選んで育てていこうと考えていたんです。帰国前に新聞社からインタビューを頼まれました。ファルカンは既に退任していたし、僕は友人として無償でお手伝いをした。ファルカンも凄く紳士的な対応で、愚痴はひとつもこぼしませんでした。でも僕は勝手にインタビューを受けたとJFAの川淵（三郎）強化委員長（当時）から叱られました」

時代は流れ、世界は一気に狭くなった。アマチュア時代からJリーグ創設当初までの日本では、通訳という職人芸の持ち主を探すのが至難の業だった。プレイヤーとして来日したネルソン吉村さん、セルジオ越後さん、アデマール・マリーニョさんらが、急遽手助けをすることで会見やインタビューが成り立っていたのだ。かつて横浜フリューゲルスでは、アルゼンチン人のモネールが、ブラジルからやって来た新外国人エドゥーの通訳を務めたことがあり、さすがに失笑を買った。モネールは善意で引き受けたのだろうが、当然質問が重なるごとに隔靴掻痒感は強まり、やがて諦めに変わった。

だがJリーグが誕生し、特にブラジルからは大量に指導者や選手が流入したため、自然にポルトガル語に親しむ選手たちが増えた。同時に日本代表クラスでなくても海の外に飛び出し、プレーに止まらず言葉という武器も身につけて、サッカーと新しい関わり方をする人たちが目立つようになった。

現代サッカーは、ピッチ外も含めた緻密な組織力の勝負である。頂点に君臨するバルセロナは、単純に優秀なタレントを集めただけではなく、8人の戦術分析スタッフが対戦相手を丸裸にすることで勝ち続けているのだという。当然繊細なデータの解析結果やデリケートな戦術的な指示を伝達する通訳には、言葉を置き換えるだけではなく、十分な競技の知識と理解力が求められるのだ。

Jリーグが誕生し、日本サッカーは世界に類を見ない急変貌を遂げた。ただしそれを実現させたのは、指導者や選手たちのピッチ上の努力だけではない。伝統国の真髄を的確に伝え文化の醸造を後押ししたという点で、勤勉な通訳たちの果たした役割を見逃すことは出来ない。長年ジーコの通訳を務めた鈴木國弘さんが「ブラジルでは、こう言われているんですよ」と教えてくれた。

「監督をクビに出来るのは通訳だけ」

通訳が嘘を伝えればチームは崩壊する。そんな皮肉が込められたブラックジョークだが、実際に前述のブラジル人監督は、自分の実力を発揮する術もなく通訳の能力不足によって更迭されてしまった。

ただしブラジルでの言い伝えを逆手に解釈すれば、監督を最大限に輝かせることが出来るのも通訳である。地球規模で浸透しているサッカーという競技では、どこにでも通訳の活躍の場がある。少なくともサッカーの現場で通訳の役割は、単純に発言者の言葉を別の言語に置き換えるだけではない。発言者の真意を汲み取り伝達するには、どんな表現を駆使するのが最適なのかを探索する奥深い能力が求められる。だからこそ通訳の能力次第で、監督の仕事ぶり、さらにはチームの命運が大きく左右されるのだ。

これから登場する10人の名通訳の足跡が、それを十分に証明している。

1

間瀬秀一

通訳から監督へ、オシムを超えようとする男

5か国を渡り歩く

２０１５年、間瀬秀一はＪ３（Jリーグ3部）ブラウブリッツ秋田の新監督として、就任の挨拶をしていた。

「もしイヴィツァ・オシムさんと出会っていなかったら、この席に着くこともありませんでした」

29歳の時にジェフ市原（現千葉）でオシムの通訳の仕事に就いた。そしてその1年後には、人生の目標が一変した。

「監督の仕事って、こんなに凄いんだ、と思ったんです。オシムさんが指導したことで、プレーしている選手、携わっているクラブの社員、観戦に来るサポーターやファン、さらにはジェフには縁の薄い観客も含めて、凄く多くの人たちが幸福を味わえた。それを見て決めたんです。10年後には資格を取って監督になるんだと」

ちょうど10年後にS級ライセンスを取得し、11年目に監督のオファーを受けた。

まだ通訳から監督に転身して成功した日本版モウリーニョは誕生していない。

「だからその使命感には燃えていますよ」

師は誰よりも他人の真似を嫌い、日本は日本のスタイルを生み出すべきと主張して来た。

1
SHUICHI MASE

「僕もオシムさんを、そのままなぞるわけではありません。一応僕にも海外で7年間の現役生活と、オシムさんと離れてから8年間の指導者人生がある。出来るかどうかは別として、弟子は師を超えるつもりでやるべきだと思っています」

ちょうどインタビューをしたのが、監督として初練習の日だった。

「ファジアーノ岡山（J2）でコーチをしていた時に、若手7人の特別練習を任されました。そこでオシムさんがやっていたメニューに取り組ませてみて、初めて本当の意味が判ったんです」

師は言っていた。

「トレーニングの中味はノートに書くな。書いた瞬間に、それは過去のものになる」

間瀬は、その教えを遵守した。

「言われた通りに僕は書かなかった。すると頭の中にはトレーニングの原理が残った。原理を理解すれば無限に組み替えが出来る。明日は、そのトレーニングをするんですよ」

現役時代の間瀬は、5か国を渡り歩いた。荒波に飛び込む契機を与えたのは、バルセロナでフランク・ライカールト監督の右腕として欧州制覇を支えたヘンク・テンカーテだった。間瀬は日本体育大学3年時に、サッカー部の一員としてオランダ遠征に出かけた。一軍には名を連ねていても、まだベンチ入りもしていなかった。

だが指導に来たオランダ人コーチが「アイツが一番いい」と自分のことを指している。それがテンカーテだったと知ったのは、後にテレビに映るバルセロナのベンチに彼を発見した時だが、とにかく国内で誰にも認められなかった大学生は、人生が変わるほど勇気づけられた。

「きっと海の外なら自分の可能性を高められる場所があると思ったんです。すぐに日体大サッカー部は辞めて、米国へ行くことを決めました。カズ（三浦知良）の影響もあり、サッカー留学が小さなブームになっていた頃です。しかし僕は留学ではなくプロを目指したかった。米国を選んだのは、日本人が誰も成功していない国だったから。ただそれだけの理由で、何の伝手もありませんでした。でも母があまりに心配して、ロサンジェルスの遠い知り合いを探してきた。すぐにスーツケース1個を転がしてロスに行きました」

語学学校へ通いながら手当たり次第草サッカーに飛び入りしているうちに、2か月半で日常会話には困らなくなった。そこで米国協会に電話をしてみると、ロスで2部相当のゴールデン・イーグルスというクラブが発足するという情報を得る。早速テストを受けて合格。同じタイミングで後に清水エスパルスで監督を務めるアフシン・ゴトビが、新しく指揮を執ることになった。

「それまでスクールで教えていたゴトビさんは、初めて大人のトップチームを指導することになったんです。フォーメーションは、当時としては斬新な3－6－1。米国籍の選手は見当たらなくて、イタリア、英国、アルゼンチン、コロンビア、ブラジル、ガーナ、エルサルバドル…と、まさに多国籍軍で僕は10番をもらいました」

フィジカルに長け、運動量にも自信のある間瀬は、本職のフォワード以外にも全てのポジションをこなしてきた。

「プロでやっていないのはゴールキーパーとセンターバックだけですが、この2つのポジションも高校の公式戦ではこなしたことがあります」

米国ではサッカーで生計を立てるのが難しいので、様々なアルバイトをした。

「お恥ずかしい話ですが、ちょっとしたモデルをしたこともあったし、古着やシューズの買い付けなどもやりました」

ゴールデン・イーグルスでは半年間プレーをした。レベルが低過ぎるとは思わなかったし、面白い経験だとは感じていた。だがすぐに転機がやって来た。

「チームメイトのメキシコ人が一緒に母国でプレーしないか、と誘ってくれたんです。1週間でアパートを引き払い、車も売ってメキシコに飛びました」

何度かプロ契約のチャンスは巡って来た。

まず第1回クラブワールドカップ（２０００年）に出場した名門ネカクサのセカンドチー

ムに合格した。ところが数か月の差で年齢制限（23歳以下しか契約出来ない）にかかり契約に至らず、次に2部のクラブと契約が決まったが、サインをする前日に足首を骨折して破棄されてしまった。

「仕方がないのでフットサルリーグに出て、出場給やゴール給を稼ぎました。またメキシコシティのソカロ広場でリフティングを披露し、多い時には100人近い観客を集めて小銭を稼ぎ、野菜などを買って食いつないでいました」

さすがに長続きはせず1度は帰国するが、今度は知人からグアテマラ2部のクラブの話が来た。グアテマラでは2つのクラブでプレーをすると、その映像がエルサルバドルへ流れ、同国2部のクラブからオファーを受ける。

「結局代理人がついたことは1度もありません。さすがに自分で交渉していく力はついたと思います。また現地ごとに無償で協力してくれる友人も出来た。グアテマラでは2部リーグでもテレビ中継があり、子供からおばあちゃんまで街中の人が僕のことを知っていました。6000人くらいの狭いスタジアムで試合をしていましたが、周りの高い木に登って見ている人も多かった。エルサルバドルでは、おばあちゃんが分析をして批判をしてくるんです。ヘディングシュートを外したら〝おまえはヘディングが下手だ〟と、直接ダメ出しをされましたよ」

しかしサッカーが根づいた熱狂的なリーグでプレーをしていても、自分に適したレベルだと

1
SHUICHI MASE

は思えなかった。もう少し高いレベルでプレーが出来ないかと考え1度帰国すると、知人からクロアチアリーグの可能性を示唆された。

「K1のブランコ・シカティックと親しいライターの方が、彼になら頼めると言ってくれたんです。実際シカティックは空港に迎えに来てくれて、その晩は泊めてもらいました。でも翌日からは自力でチームを探すことになりました。3部の4つのクラブを転々としたんですが、4つ目のノヴァリヤではリーグ2位で入れ替え戦に回り、僕のゴールで2部昇格を決めた。そして最後はザグレブのトゥルニエという2部のクラブに所属し、3試合連続ゴールなどもあり充実したシーズンを送ることが出来ました。最後の試合ではキャプテンマークを巻いていましたね。それが27〜28歳、そこで引退を決めたんです」

最高潮を迎えたところで、間瀬は現役生活にピリオドを打った。なんだかコリンチャンスでの絶頂期に引退して就職してしまったセルジオ越後の決断に似ていた。

「5か国でプレーをして言葉も覚えた。サッカーに生きた自分に、少し納得出来たんです。一方で20歳代の後半に差しかかっても日本代表に選ばれていない。次のステップを踏み出すなら早い方がいいと考えました。結局僕は勝利と敗北を両方認めたわけです」

現役時代は身体を使って戦って来た。だから引退後は、頭を使って稼いでいこうと思った。

「最初に浮かんだのが貿易ビジネスです。どこの国のどんな所に何がある。僕だけが知っていることがたくさんあるので、大金を得られるチャンスも転がっています。でもサッカーの知識があり語学が出来るという現状を冷静に考えると、通訳の方が理に適っていた。貿易ビジネスは、後からでも出来ますからね。それに現役時代は1度も日本のサッカー界に関わることがなかったので、これを機にJリーグと接点を持つのも悪くないと考えたんです」

オシムとの出会い

通訳という目標を定めると、間瀬はアルバイトをして貯蓄し、再びクロアチアへ向かった。ザグレブの語学学校でクロアチア語に磨きをかけるためだった。

「日本人が言葉を覚えるには2つのパターンがあると思うんです。ヒアリング先行型と喋り先行型。僕の場合は完全に後者で、まず〝伝えたい〟から入るアウトプット型です。だから指導者なのかな、とも思います。海外に出て困った時には、まず自分の状況を伝える必要がある。オレは、いつ、どうしたいんだ、と。要するにアウトプットの方が重要なんですよ」

サッカー選手なので、まずピッチ上の触れ合いを軸に実戦から言葉を学び始めた。判らない単語を書き出して調べ、また話す。ある程度会話が成り立つようになると、最後に学校へ通って文法を正す。この方法でスペイン語は、ほぼ1か月半で修得した。

1
SHUICHI MASE

「言葉を覚える原点は好奇心じゃないですかね。どうしてもこの人の言っていることを理解したい。恋愛が最たるものですが、異性に限らず心を通わせた相手のことをもっと知りたいと思う。最初は絶対的に単語量です。並べれば通じる。優先順位を考え、使用頻度の高い単語から覚えていく。そして世界中で女性は最高の語学の先生です。横断歩道を渡っている最中でも言葉のことで疑問が浮かべば、必ず近くを歩く女性に尋ねました」

好奇心に加え、間瀬には語学習得への執念があった。クロアチア滞在中に、路面電車の中で酔っ払いに絡まれたことがある。相手は聞いたことのない罵声を浴びせて来た。そこで間瀬は、相手の胸ぐらを掴んで叫ぶ。

「てめえ、もう1回言ってみろ!」

帰宅すると、再度吐かせた罵声をノートに書き留め、調べて覚えた。

こうしたプロセスを辿るので、クロアチアを再訪した時点でも、圧倒的に会話能力が筆記能力を凌駕していた。

「入学して初日に筆記と会話の試験があったんです。筆記試験では、ほとんど何も書けなかった。ただし僕は文法を丁寧に学びたかったので、6段階で一番下のクラスで良かったんです。ところが会話のテストでは、自己紹介などで喋りまくった。すると一番上のクラスに入れられてしまったんです。このクラスは、クロアティスカといって、文法どころかクロアチアの文学などを学ぶクラスでした」

担当するのは年配の女性教師。間瀬はもっと下のクラスに入れて欲しいと直訴した。だが彼女は、全く譲歩しなかった。

「あなたはなぜここにいるの？」

「通訳になるためです」

「だったら私のクラスにいなさい。絶対に損はさせないから」

仕方なく文法は図書館で独学した。

一方で間瀬は、旧ユーゴ系の選手が在籍歴を持つＪクラブに片っ端からメールを送った。公式ホームページに載っているアドレスなので、担当者に届く保証はない。唯一返答が来たのがジェフ市原だった。

面接の場所にはオーストリアのグラーツを指定され、間瀬はクロアチアからバスで向かった。ジェフ側からは祖母井秀隆ジェネラル・マネージャーと寮長、そして新監督のオシムは次男セリミルを伴って現れ、昼食会を行った。間瀬はオシムの存在を知らなかったこともあり、年齢の近いセリミルと他愛のない会話をしただけだった。だが昼食会を終えてホテルに戻ると「帰国後にスタッフと話し合って（採用の是非を）決めるから」と言っていた祖母井が、前言を翻し「やってくれ」と即答して来た。

舞台裏の事情を聞かされたのは、それから3年半後のことである。オシムがジェフから日本代表監督に転身することを決めたお別れ会の席だった。

「あの時のことを覚えているか？　実はおまえがトイレに立った時に、次男に〝アイツ、どうだ〟と聞いたんだ。クロアチア語はあまりうまくないけれど、人を騙すタイプではないのでいいと思うよ、と言っていた」

間瀬の脳裏には、クロアチアで目にした新聞記事が浮かんだ。

〝パナシナイコス（ギリシャ）時代のオシムの失敗は、通訳が原因だった〟

ザグレブに戻り、語学学校でオシムの通訳に決まったことを報告すると、女性教師は目の前で初めて嬌声を上げた。

「凄い人の通訳をするのね。ホラ見なさい。私のクラスにいて良かったじゃないの！」

ただしオシムの通訳は、心身ともに激務だった。

「通訳として人間として、あれほど鍛えられたことはない。もしこの仕事を楽しいと感じられる日が来たら素晴らしいだろうけれど、そんな日が来るとはとても思えなかった」

監督就任から数か月間はオシムが単身赴任状態だったので、練習を終えると買い物に付き合い夕食も共にした。もっともオシムの料理は絶品で、テーブルにはしっかりとデザートまで並んだ。

「監督でなければ数学の教授になっていた人ですからね。最初はオシムさんの頭の回転スピードについていけなかった。あの頭脳に近づくために自腹を切って新宿の学校へ通い、速読と数学を学びました。効果はあったと思います」

オシムの言葉は格別だ。記者会見になれば、唐突にウィットに富んだジョークや諺が飛び出して来る。ジョークの後に笑いが出ず、諺の後に納得の様子が窺えなければ。それは通訳の責任になる。

「ジョークは落ちを予測して先回りする必要があります。諺はオシムさんの口から初めて聞くものがほとんどで、何を意味するかイメージ出来ないと訳せない。でも僕は、間の取り方や言い回しを工夫することで、ちゃんとリアクションを引き出せるようになりましたよ。そして1度そういう流れが出来ると、聴く側も笑ったり感心したりする準備をしてくれるようになるんです」

もっともクラブのホームページ上でアップされ大きな話題を呼んだ「オシムの言葉」については、どうでもいいと思っていたという。

「今振り返れば、あれも国民に向けたメッセージとして重要だったんですけどね。当時の僕は、あくまで自分の仕事は、トレーニング中に選手へ向けたメッセージをしっかり伝えることだと思っていたんです」

オシムは、よく口にした。

「60分後のことがどうして判るんだ」

選手のコンディションもチームを取り巻く状況も刻々と変化している。だからそれに即してスケジュールも調整していく。オシムがこの方針を貫くので、間瀬に限らず周りのスタッフは冷や汗を流しながら対応することになった。

「試合の前日に突然バス移動をして前泊になることもあるから、マネージャーは手配をするのが大変でした。すぐに移動となれば、トレーナーも出発前にどの程度選手のケアをできるか即断を強いられるので、もう大慌てですよ」

そんな時に間瀬は、ふとクロアチアでの生活を思い出して懐かしんだ。

「結局旧ユーゴ系の人たちの強みは適応力だと思うんです。準備されていないところで対応する駆け引き。例えば、走っているタクシーを止めて、乗ったら料金が覆る。そこで言い合いになり、降りて別のタクシーを待つ。そんなことは日常茶飯事です。クロアチアの2部リーグは、直前までキックオフの日時や対戦相手が決まらないのが当たり前だし、もちろん練習の時間や場所なんてすぐに変わる。僕がクロアチアでプレーをしている時に、友人から〝今間瀬さんは、適応力を磨いているんですよね〟と言われましたが、まさにその通りだったと思います」

しかも間瀬の仕事は、オシムの通訳にとどまらなかった。

「ジェフには5か国語をフル稼働させる環境がありました。ルーマニア人でスペインでのプレー経験があるガブリエル・ポペスクとはスペイン語で、ドイツ語が母国語のマリオ・ハースとは英語で、ブルガリア人のイリヤン・ストヤノフとはクロアチア語で、マルキーニョスとはポルトガル語で話すわけです。一時期ポーランド人のフィジカルコーチがいて、その頃はドイツ語も独学しました。実はポルトガル語は、ザグレブの学校に通っている間にクロアチア語で習ったんです。日本語をクロアチア語に、さらに英語からポルトガル語となると、もう自分が何語を話しているのか判らなくなる。動詞がクロアチア語で、修飾語がスペイン語になっていたり…、仕事を続けているうちに整理がつきましたが、もう今では難しいかもしれない。クロアチア語で一気に話され、即座にスペイン語という状況になったら、一瞬では切り替わらないでしょうね。そもそも物事を日本語では考えていないです。それではダイレクトに対応出来ないですから」

人間そのものが監督だ

記者会見等では泰然自若として俯き加減でジョークや皮肉を繰り出すオシムも、日常的には感情を露わにすることが少なくない。日本代表監督時代には、あまりの激怒に通訳の千田善が泣き出してしまったというエピソードも聞く。

「隣にいると自分が言われているような感覚になるんですよ。あの激昂を受け止めるのは凄いことだし、さらに伝えるのは大変なことです。敗戦後に手加減なく〝おまえのせいだ！〟と怒鳴りつけることもありますからね。もちろんオシムさんには考えがあり、選手によって接し方も変えている。僕はサッカーの現場でメンタルも鍛えられ、怒りを受け止めることが出来たから伝えられたんだと思います。結局通訳は語学力がすべてじゃないんですよ。

テレビ中継を見ていて、レアル・マドリーの選手がミスをすると尋常ではない怒り方をしています。僕やコーチ陣が一番怒られるのは、仕事の失敗よりトランプの切り方が間違っていた時ですね。2組のトランプを使用するレミという麻雀に似たゲームなんですが、飛行機や新幹線の中ではいつもやっていて物凄く頭脳を使うんです。オシムさんの対戦相手になる実力を備えるのは大変でした」

もしインタビュー等で過激なコメントが出て来た時は「おまえが止めてくれよ」と社長から言われていた。ハーフタイムにマイクを向けられたオシムが「おまえ、オレを挑発しているのか？」と気色ばんだことがあったが、間瀬は冷静に「それはどういう意味ですか？」と切り抜けた。ただしオシムの感性の鋭さは別格だった。間瀬が気遣って婉曲すると、それをしっかりと感じ取ってしまうのだ。

「おまえ、オレが言った通りに訳さなかっただろう。出て行け！」

逆鱗に触れた。この時間瀬は心に決めた。

「これからはジェフをクビになっても、この人の言ったことは絶対に訳そう」

逆に通訳は、いつでも辞める覚悟なしには務まらない職業だと悟った。

ただしどうしても年に1～2度は、うまく伝えられない日がある。ある時、2度続けてトレーニングを中断させると、オシムから罵声が飛んだ。

「だったら他の通訳でやってくれ！」

間瀬は吐き捨ててピッチから出た。代わりにコーチがドイツ語でオシムの言葉を引き出し、トレーニングを続けることになった。

「もうクビだと思いました。帰りのバスの中でも一言も話さなかったですからね。ところがバスを降りたら、オシムさんが寄って来て〝ケーキ食うか〟と声をかけ、わざわざ自分で買って来てくれたんです。こうして大変なことをしても許す。だからこの人のために、と思うんですよね」

オシムは就任早々の挨拶で「ストゥルプリーネ（忍耐）」の大切さを強調した。間瀬は、なんだか通訳の自分に向けられているような気がした。世の中うまくいかないことの方が多い。オシムは、それを誰よりも知悉しているから、スタッフを寛容で包み込む。

1
SHUICHI MASE

「決して分け隔てをしない人です。重いものを持っている人を見れば手伝おうとするし、いつも選手個々の生活を心配している。誰にでも等しく罰走を命じるので、チェ・ヨンス（韓国代表）は不服そうな顔をしながらやりましたが、マルキーニョスは帰ってしまった。ところが直後の試合で、そのマルキーニョスを平気で使う。そしてマルキーニョスも活躍するんです」

名将に寄り添い、やはり監督は怖いだけでは務まらないと痛感した。

「物凄く怒っても、その裏に暖かみがないと人は動かない。受け取る側が、感情をぶつけられているのではなく自分のために怒ってくれている。そう思えないとダメですね」

オシムの傍で3年間を過ごすと、阿吽の呼吸が楽しくて仕方がなくなった。就任当初は、とても想像出来なかった状況を、遂に構築できたのだった。

ところがそれからわずか半年後に、阿吽の二人三脚は終幕を迎える。オシムが日本代表監督に転身することになるのだ。ちょうど岐阜でキャンプ中だったチームは、全員で記念撮影をすることになった。もう一員ではなくなるオシムは、そっと輪から外れる。そして間瀬にも「おまえも外れろ」と指で示した。

「うれしかったですよ。僕も日本代表に呼んでくれるんだと思いました。でもオシムさんにも葛藤があったんでしょうね。ジェフの後任監督が息子のアマルに決まるからです。オシムさんの奥さんは、僕に代表とジェフの通訳を掛け持ちでやらせたかったそうです。しかしJFA（日本サッカー協会）としては、そういうわけにいかなかったのでしょう」

間瀬は、これでオシムから卒業したんだと感じた。実際にオシムが代表に行くと、通訳兼コーチとなり、指導者としても歩み始めるのだ。

「初めてジェフの練習を見た時は、クロアチアの2部の方がレベルは高いかもしれないな、と思いました。最近当時のJリーグの映像を見直したんですが、対戦相手のガンバ大阪はアラウージョや遠藤（保仁）ら錚々たるメンバーが揃っていて、個々の質では比較になりません。ところがジェフは次々に選手が飛び出し、運動量で上回ってリードをしていく。今見ても新鮮で驚きますよ。

キックオフから1分でセンターバック（CB）がクロスを上げる。そのCBのクロスを、リベロが頭で叩く。つまり3バックのうち2人が最前線に飛び出している。そんなことが奇策ではなく、流れの中で効率良く行われていましたからね。練習試合で相手と力の差があると思えば、平気でゴールキーパーを下げて代わりにフィールドプレイヤーを入れることもありました。オシムさんは常に新たな試みを凄く意識していたんです」

オシムからかけがえのない栄養を摂取し、間瀬は未来のサッカーをイメージできるものを発信したいと考える。

「世の中にはループになっている業界と、直線的な業界があると思うんですよ。電化製品などは直線的で、携帯電話もテレビもどんどん進化していく。一方でサッカーはループになってい て、旧過ぎるものが逆に新しくなることもある。例えば、僕の小学生時代は、みんな3－3－4で戦っていた。つまり前線はインナーにフォワードが2人。そういうことを思い出してもいいかな、と考えているんです」

監督1年目から、敢えて常識とは正反対の方法を選択して手応えを得た。

「練習とは…、フィジカルとは…、チーム作りとは…、という定説とは真逆のことをやってみて功を奏した部分が多かった。こうやるといいよと言っている人たちが、ある程度のところまでしか行けていない。それならもっと良い方法があるはずだと考えました。例えばJ3ではレノファ山口が断トツに強かったので、ほとんどのチームが山口のやり方を真似て、山口のような攻撃をするようになりました。でも僕らは真逆をやった。その結果、第3クールでは大きな結果を出すことが出来ました。メンバーや自分の嗜好で戦術やシステムを決めるのではなく、同じリーグに所属するチームがどんなやり方なのか流れを見極めて、みんなが困ることを実践したんです」

シーズン半ば過ぎまで下位に低迷したブラウブリッツ秋田だったが、23節からは13試合を無敗で突っ走り、首位山口を3－1で下したのを皮切りに5連勝の快進撃も見せた。

「発見したことでもあり、前から判っていたことでもあるんです。日本サッカー全体の流れが、攻撃がシステマティックだったり、サイドを起点としていたりということを踏まえ、敢えて流動性や中央突破を狙っていく。これは10年前にオシムさんがやっていたことに近い。当時のジェフも攻守に流動性がありましたからね。率直に今のオシムさんを今の自分が超えるのは難しい。でも当時のオシムさんを今の自分は超えるつもりでいるし、超えられると思っています。だから選手たちにも、今年のブラウブリッツ秋田は、当時のジェフをサッカーの内容も含めて超えていく、と話しています」

オシムを見て、監督という仕事をしているのではなく、人間そのものが監督だと思った。間瀬も同じく24時間サッカーに浸っている。またそれがとても心地良さそうに映る。貿易ビジネスへの着手は、だいぶ先送りになりそうである。

1

SHUICHI MASE

2
フローラン・ダバディ
激情をかみ砕くパリよりの使者

最初の挨拶で地雷を踏んだパリジャンたち

待ち合わせ場所は、東京駅丸の内南口のカフェだった。

18年前の暮れの出来事は、今でも鮮明な記憶として刻まれている。24歳になったばかりのフローラン・ダバディは、そこで同郷の日本代表新監督と顔を合わせた。

「初めまして」と名前を告げると、即座に19歳年上のフィリップ・トルシエは、ダバディが何者なのかを悟った。

「もしかしてあなたは著名な脚本家ジャン・ルー・ダバディさんのご子息ですか？　僕は、お父さんの映画のファンですよ」

パリジャン同士、瞬く間に距離は縮まり意気投合した。ダバディが言う。

「フランスは広い国です。パリ出身という共通点は、互いに親近感を深めました。またスポーツ界と映画界は、相通じるものがある。フィリップはメディアを通じて私の家族のことを知っていて、私もサッカーマニアとして彼を知った。話は一気に弾みました」

束の間のコーヒータイムで顔合わせを済ませると、2人はＪＦＡ（日本サッカー協会）の大仁邦彌技術委員長（当時）に連れられて、3つのＪクラブへ挨拶に出かけた。それがダバディにとって、実質的な通訳のテストだった。

2

FLORENT DABADIE

「この度日本代表監督に就任したフィリップ・トルシエです。大変恐縮ですが、ワールドカップまでみなさんのご協力が必要ですので、よろしくお願いします」

新任代表監督の挨拶回りである。ダバディは、そんな月並みな台詞を頭に浮かべていた。

ところが予想は見事に外れた。トルシエは初対面のJクラブの重鎮たちに、それぞれ1時間以上も熱弁を振るうのだ。

「Jリーグは、ここをこう変えた方がいい。浦和レッズはここが上手くいっていない…。大仁さんが、もうそれくらいでいいだろう、と目配せをしているのに止まらなかった。私がフィリップの言葉をストレートに訳したから、それがまた火に油を注いだんでしょうね」

誰にも物怖じせず、自信満々に持論を繰り出すトルシエを横目に「まるでモウリーニョみたいだ」とダバディは感じた。

「この2人のコンビは、これからもたくさん地雷を踏みまくるだろうな…。きっと大仁さんは、そう思ったはずですよ。間違いなく危険な2人と見なされたでしょうね」

しかしダバディは、トルシエの通訳として合格し、年明けから正式に着任する。早速福島県のJヴィレッジで行われた1週間の合宿に参加し、3月には東京・国立競技場でのブラジル戦で生まれて初めてベンチに座るのだった。

物心がつくと、既にサッカーは一番好きなスポーツだった。小学生時代からは、自身も学校のチームでプレーをしている。

「フランスでは水曜日が〝スポーツと文化の日〟と定められています。授業は午前で終わり、午後は各自がサークル活動を行う。スポーツをする子もいれば、音楽や演劇に取り組む子もいます。パリの学校にはほとんど校庭がありません。恵まれた学校でも、せいぜい中庭や体育館がある程度です。だから私はサッカーをするために地下鉄に乗ってブローニュの森まで通いました」

１９０㎝を超える長身、ただし身体のサイズには恵まれても、能力の方は「本当に恵まれなかった」と言う。

「ヨハン・クライフや風間八宏さんが言っていました。子供の頃は、一番うまければフォワード（ＦＷ）をやる。あとはだんだんポジションが下がって行く。私は辛うじてゴールキーパー（ＧＫ）を免れてリベロ（最終ラインで余り、主にカバーリングをする）でした。走力はないしドリブルも出来ない。背は高いけれどジャンプ力はない。唯一の武器がスライディング、それにオフサイドトラップでした。声が大きかったので…」

１９６０年代に、祖父はパリフットボールクラブの会長を務めていた。だがパリにもっと大きなクラブを創ろうという声が高まり、１９７１年にパリ・サンジェルマンが誕生する。

クラブの歴史が綴られた本をめくれば、祖父は創設者として記されているが、ダバディがサッカーにのめり込む1980年代には、同じパリ市内にある「ラシン・クルブ」の副会長に転身していた。

「祖父からシーズンチケットをもらって、兄と一緒にスタジアムに通いました。私が一番憧れた選手は、エンツォ・フランチェスコリ（ウルグアイ代表＝南米最優秀選手）、フランスリーグが破格の大金を出して獲得した最初の外国人です。この頃から3人抜きなどのスーパープレーを見せていました」

そのラシン・クルブがユースの選手を募集したので入団するが、一番の親友が1軍なのにダバディは3軍に回され「悔しいから」と、スパイクを置いてしまう。

ただし現役は退いても、むしろそれからサッカーとの縁は深まって行った。パリの東洋語学院で日本語を専攻し、3年時にフランスでワールドカップが開催される。ダバディは、知人の紹介で日刊スポーツやスカパーに情報を提供するアルバイトをした。そして大会を終えると、日本代表の新監督にフランス人のトルシエが就任する。日刊スポーツの記者から「JFAが通訳を探しているけど、どう？」と連絡を受けるのだ。

当時ダバディは、婦人画報社発行の「プレミア」という映画雑誌の編集の仕事をしていたが、1年契約という不安定な身分だったので「他の仕事もやってみようか」と軽い気持ちで履歴書を送る。すぐに返答があり、冒頭で記した通り、東京駅で待ち合わせることになった。

トルシエの通訳が、あっさりとダバディに決まった背景には、当時はそれだけ選択肢が限られていたという事情がある。

「たぶん日本にいるフランス語の通訳の6〜7割くらいが女性で、ほとんどは現地に住んだ経験がなかったと思います。日本できちんとフランス語の勉強をされているので、たぶん会議の通訳なら十分に出来る。あるいはリラックスした食事の席なら問題ないでしょう。でもフィリップの言葉は、超会話的でだいぶ省略されることも多い。しかもピッチ上では即座に訳す必要があり、凄くプレッシャーがかかります。フランスに長く住んだ人でないと難しかったでしょうね。フランス人は、たくさん比喩を使います。またサッカーには独特の言い回しがあります。例えば柔軟なポストプレーが出来ないFWは〝足が木で出来ている〟とか〝石のようだ〟などと言われる。比喩は想像力を働かせないといけない。直訳では全然違う意味になってしまうこともありますからね」

授業で習う言語と実戦会話がどれだけ乖離しているかは、ダバディも身を持って経験した。

「フランスで3年間日本語の勉強をして来たので、ある程度漢字の読み書きも出来るようになっていたし、会話もそれなりに大丈夫だと思っていたんです」

ところが静岡大学に留学し、実際に周りの体育会系の学生たちが使う言葉に接してみると、宇宙人が話しているとしか思えなかった。

「私がフランスで学んだのは、やや固い丁寧な日本語でした。彼らが日常的に使う言葉とのギャップは凄く大きかった」

もっとも彼我のギャップに面喰ったのは、言葉以上にフランスでは無縁の体育会気質だった。静岡大学でダバディはテニス部に所属し、サッカー部の練習にも参加した。

「先輩後輩の言葉遣い、物凄い走り込み、下級生の球拾い…。私が幼少時に体験した育成方法とあまりにかけ離れていました。私はテニスをやりたかったわけです。むかつくから球拾いはやらない…。苛めはなかったけれど、このままだと私は永遠に浮くだろうな、と思いました。凄く優しいキャプテンが、なんとなく庇ってくれていたんだと思います。

今ならそんな〝美徳〟も少しは理解出来るかもしれない。禅の瞑想じゃないけれど、球拾いや走り込みを続けることで体力がついて、1年間もラケットを握らなければ2年目には物凄いモチベーションで臨めるかもしれない。きっとどんなものにもメリットとデメリットはあるのでしょう」

理不尽で不可解な体育会気質を浮かべ少々高ぶった感情を宥めて、再びダバディは言葉を繋げた。

「日本代表にも同じシステム（体育会的な縦関係の構図）が働いていて、フィリップは現代的なマネージメント方法に変えないと、とても世界には通用しないと考えていました。ピッチ上でも先輩を〝さん〟付けで呼んで必要以上に敬うとか…。幸い中田英寿さんも同じことを言っていたのが心強かったですけどね」

Jリーグの川淵三郎チェアマン（当時）にも、年下を見下す体育会系気質がたっぷりと染みついていて、初対面のトルシエと口論になった。

「川淵さんが権力者の1人だとあまり認識していなくて、怖いもの知らずのフィリップは、いきなりJリーグの2ステージ制がなぜうまくいかないのかをレクチャーしたんです。私は礼儀を欠く通訳をしたつもりはありません。でも川淵さんは、フィリップのことを〝おまえ〟と呼ぶなど、言葉遣いがギリギリでした。フランス人には、上から苛めに合うと立ち向かっていくDNAがある。たぶん周囲の人たちにとって、フィリップと私は黒船みたいに映ったかもしれないけれど、あの保守的な無礼さは耐えられなかったですね」

川淵に限らず、日本では若い通訳を、まるでトルシエに付き添う影のように無視した。

「部屋に入り3人でミーティングをしているのに、まるでいないものとして扱われる。挨拶もしてくれない。キミと言って名前も呼んでくれない。目も合わせてくれない。フランスなら、あのミッシェル・プラティニ（元UEFA会長、フランス史上屈指のスーパースター）だって気遣ってくれるのに…。そんな扱いは、とても耐えられなかった」

トルシエに相談すると「そんな人たちばかりなのか…、がっかりだね」と呟いた。

「私にとっては、1つの挑戦であり、戦いでした。私も組織の一員として、きちんと意見のある人間として存在する。それを認めてもらうために、通訳だけではなくパーソナル・アシスタントの肩書をつけてもらったんです。フィリップは、しっかりと私を守ってくれた。〝私がいる限り、あなたも存在する。私は信頼しているし、通訳だから立場が弱いとは思っていない〟と言ってくれました。JFAの名刺に新しい肩書を入れると、最初はみんな戸惑っていましたが、態度は変わりました」

喧嘩の間に入るのが一番の醍醐味

トルシエとの3年半は、嵐のような日々だった。ダバディは日本語が完璧ではないと自覚するから、真意を伝えるためには心の中でイデオロギーを共有し、不足した分はパフォーマンスで補おうとした。

「テレビや舞台と一緒。フィリップと同じ仮面を被り演じようとしました。フィリップのオーラは、そのまま自分も醸し出そうと思った。言葉を選択する自由は与えられていたけれど、基本的には直訳です。私の訳がストレート過ぎて、あまり気に入らない人たちがいることも判っていました」

トルシエはプライド高き伝道師として、直情のままに振舞った。

「世界のサッカーを知っているのは日本人ではなく私だ。そんな上から目線で、どうして全面的に私を信頼しないんだという疑問を抱いていました。良くも悪くもストレートで素直なキャラクターなんです。

確かに当時の日本は、代表クラスでも世界のサッカーを視野に入れている選手が少なかったと思います。１９９０年代に最先端の戦術を駆使して世界をリードしていたのはミランでした。でもあるベテラン選手と話したら、そのミランの選手を一人も知らなかった。こんなことは他の職業ではありえないでしょう！　クラシック音楽を目指すなら誰でもチャイコフスキーを聞くし、どんなローカルなギタリストだってジミ・ヘンドリックスは知っている。信じられないことだけど、まだあの頃の日本では世界のベストの人たちから学ぼうとする姿勢が薄かった」

トルシエが日本代表監督に就任して翌１９９９年には、１９８０年代にフランス代表として活躍したジョエル・バツを招き、静岡県の御殿場でＧＫの強化合宿を行った。

「フィリップは１９９６年アトランタ五輪以降、日本のメディアやファンが、あまりに川口能活さんを崇拝していると見ていたんです。だから年齢や実績に関係なく、何人かのＧＫを同じ位置に立たせて競争を促した。もっと刺激を与えなければいけないし、それがまた川口さんを進化させることにも繋がると考えたんです」

トルシエは世界で戦うための厳しさを強調し、ピッチ上から一切の温さを排除したかった。この年、日本代表はパラグアイで開催されたコパ・アメリカ（南米選手権）に出場し、4ヶ国によるグループリーグで1分け2敗、最下位に終わっていた。

「パラグアイ戦で相手の選手が日本のGKにジャンプをさせないように邪魔をしたら、山本昌邦コーチが第4審判に反則だと抗議をしたそうです。でもフィリップは、ここはフェアプレーだけが通じる所ではない。パラグアイに来て試合をしているからには、パラグアイ基準で戦わなければいけないと話していました。御殿場でのGK合宿でも、日本人のコーチはGKの邪魔に入る役割だったのに〝入るふり〟をしているだけだった。業を煮やしたフィリップは〝私がやる〟と出て行き、川口さんにアメフトみたいに猛烈なタックルを浴びせました。川口さんはもちろん、周りもみんなびっくりしていました。フィリップは、いつもトレーニングの時から烈しく戦うことを求めていたんです。ケガをするかもしれないからタックルを避けるみたいなことを絶対に許さなかった。国際試合になれば大男に激しいタックルを浴びせられるわけですからね」

激しい行動には、ピッチ上の世界基準として野卑な誹謗表現もついてくる。直訳すれば「●

●●野郎！　●●ついてるのか！」となるが、それはダバディが生理的に受けつけなかった。

「フィリップが使った表現は、サッカーの世界ではどこでも使われているものです。例えば（ハビエル）アギーレさん（前日本代表監督）も、同じような言い回しでよく選手を鼓舞していたそうです。意味のある放送禁止用語なら訳したかもしれない。でも選手を目覚めさせるためにカツを入れるなら直訳に拘る必要はない。もっと激しく行こうぜ、それじゃトレーニング終わらないよ、で済む。ただし時にはフィリップが、今激しく言わないと、この選手は一生変わらないと思って、意図的に誰かのプライドを傷つけ発奮を促すこともある。そういう時でも山本（コーチ）さんは、オイ、もっと元気出せよ、と優しい言い方をするんですが、そこはフィリップの表現に負けない厳しい言葉を見つけなければならないと思っていました」

アフリカでの指導歴が長かったトルシエは、対照的な日本という国にやって来て、大きな落差を感じていた。

「フィリップは、よく話していました。アフリカは、本当に弱肉強食の世界です。代表入りできるかどうかで人生が一変する。協会の重鎮が、私の娘がこの選手と付き合っているから使え、と平気で要求して来たそうです。それに比べれば、日本はJリーグでプレーをしていればそれなりに稼げてしまう。ぬるま湯のように感じたんでしょうね」

実際にトルシエ自身も試行錯誤の連続だったという。

「日本の文化や日本人気質を知らないから、いつも戸惑いや躊躇はありました。大きな目的を持って来日したものの、選択した手段が正しいのか。このやり方で行きたい場所に辿り着けるのか。選手たちを挑発してみたもののどの程度反撃してくるのか。どれも判らなかった。特に判り難かったのが中田英寿さんでした。いくら挑発しても、クールに落ち着いて話そうとする。互いに哲学がはっきりしていて強い信念が対立するから譲らない。逆に中村俊輔さんは、若過ぎて反論が出来なかった。礼儀正しいから言われたことは割り切ってやるけれど、内向的でどんどん暗くなり、辛いという雰囲気を発散させていく。だから最後はフィリップも（日韓ワールドカップ代表に）選ばなかったんでしょうね」

ダバディは、喧嘩の間に入るのが通訳の一番の醍醐味だと語る。

「相反する意見を情熱的にぶつけ合うことで何かが生まれていく。互いにヒートアップしていくのは通じ合っている証拠で、正しい仕事が出来ていることにもなりますからね」

コパ・アメリカでの惨敗で、トルシエは若い世代に着眼し代謝を進める決断を下した。1999年秋にはU－20代表を率いて、ナイジェリアで開催された年代別ワールドカップで準優勝。この時のメンバーだった小野伸二、稲本潤一、小笠原満男、中田浩二は、2002年日韓ワールドカップでもプレーをすることになる。

「フィリップも日本人の上手さは認めたと思います。ただしルイス・ファンハール（元オランダ代表、現マンチェスター・ユナイテッド監督）に似ているところがあり、最高峰のサッカーは7割くらいが戦術で決まると考えていて、逆に個人技に依存するのは1ランク下のサッカーだと考えていました。現在の日本代表選手なら、みんな問題なく監督と戦術の話が出来ると思います。でも当時フィリップに対していろんな意見を言うのは中田英さんくらいでした」

高圧的で挑発的でもあるトルシエは、なかなか周囲から完全な信頼を得ることが出来なかった。トルシエと一蓮托生のダバディの立場も不安定で、編集と通訳の仕事を五分五分の割合で続けていた。

そして2000年、朝日新聞が1面で「トルシエを解任し、後任にはアーセン・ベンゲル」という記事を掲載した。

「同じ頃、東京スポーツには、私に関する酷い中傷記事が載りました。フィリップを降ろしたい勢力が最後の反撃に出たのだと思いました。私の日本語、私の姿勢を見て賛否両論があるのは知っていました。でも判っていても、これは本当に辛かったですね」

結果的に記事は誤報となった。

「これは私の推測ですが、朝日新聞が1面で載せるからには、なんらかの動きがあったのでしょう。フィリップは友人に記事のことを聞いて、すぐに私に電話をしてきました。私はJFAに連絡を入れ、岡野俊一郎会長には〝すぐに否定会見をしてください。そうでなければ辞める〟

とフィリップの意向を伝えました。結局岡野会長が否定会見を開き、その後に行われたキリンカップのボリビア戦では、スタンドからトルシエコールが沸き上がりました。これでようやく2002年日韓ワールドカップまで、フィリップに代表監督を任されることになったんです」

その夏、トルシエはシドニー五輪でも指揮を執りベスト8で終え、ダバディはやっと大仁から労いの言葉をかけられた。

「あなたが監督を総合的に助けていることは判っている。日本人スタッフには出来ない欧州サッカーの話も出来るし、凄く信頼しているから心配は要らないよ」

パーソナル・アシスタントとしてダバディは、時には息子、あるいは友人、さらには完璧なコンシェルジュのようにトルシエに寄り添って来た。

「フィリップの家はモロッコにあり、奥さんは滅多に日本に来なかったし、息子もいませんでした。今なら日本でもフランス人のネットワークがすぐに出来るのでしょうが、当時フランス語を話せる友人を作るのは本当に難しかった。だから私はフランス文化を共有し、見るべき映画を勧め、フィリップをメディアから守り、JFA内の政治的な駆け引きも解説しました。大仁さんの言うように、確かに多方面で頑張ってサポートしたと思います」

以後2002年の日韓ワールドカップ本大会までは、通訳への比重が6〜7割まで傾いた。もっとも今なら考えられないことだが、自国開催のワールドカップを指揮する時の人なのに、トルシエは意外と暇だった。

「土日はJリーグの視察に出かけて、週のうち3日間くらいはミーティングが入ったとしても、丸2日間くらいは休みが取れていました。アルベルト・ザッケローニさん（2010年から4年間日本代表を指揮）などのスケジュールは、まさに分刻みだったようですが、当時はJFAも大金を払って契約しているのに活用法が判っていなかったんでしょうね。あるいはフィリップが猛獣みたいな人だから、使いたいけれどあまり使わなかったのかもしれない」

戦友トルシエを「野生動物のように危機察知能力を持つ完璧主義者」と評す。

「フィリップには消防士が向いていると思います。常に危機感を持っていて、そのストレスは周りにも伝染していました。ほんの少しでも空気が緩み輪が乱れそうになると、自分の中でアラームが鳴り、選手やスタッフに檄を飛ばす。とにかく油断をして欲しくない。大丈夫、もういいだろう、というのが一番嫌いなんです。9回チェックしても10回目もチェックをする。特に3バックのプレッシャーのかけ方は、最後まで繰り返していました。押し上げたら、すぐに切り替えて3メートル下げる。コンマ1秒でも狂ったらやられると何度も強調していました。

フィリップがあまりにプレッシャーをかけ続けたから、選手たちもそれほど緊張しないで本番（日韓ワールドカップ）を迎えられたのかもしれません。でもこのやり方だと2年間以上はもたない。本人も自分には2年スパンがベストだと判っていたんじゃないかな…。結局後半の

2年間は、最初の2年間の繰り返しでしたからね。それ以降の戦術的な進化はなかった。ベースになるのはフラットスリーでのプレッシングで、あの時の日本にはさらに攻撃のバリエーションを増やす必要がなかった。フィリップに課せられたミッションは、その後のジーコ、イヴィツァ・オシム、ザッケローニ各監督に比べれば、ずっと簡単でした」

毎日が刺激的だった4年間

2001年のコンフェデレーションズカップで決勝進出を果たし、いよいよ自国開催のワールドカップ本番が近づくと、さすがに反目していた人たちも温かく見守るようになった。

「100年に1度かもしれないイベントです。川淵さんやJリーグ関係者も暗黙の了解として、友だちにはならないかもしれないけれど馬鹿な喧嘩は止めようという感じになりました。必然的にフィリップが怒る頻度も減っていったし、また選手たちも最後の方は挑発に乗らなくなった。山本さん（コーチ）も、完璧に選手たちをフォローしていたと思います。やはりワールドカップは国の重要なイベントです。共和党も民主党も集結して一丸となる姿勢が大切ですからね」

トルシエのスピーチの上手さは、きっとジョゼ・モウリーニョにも負けていなかった。ダバディは、そう力説する。

「1つ1つの言葉の美しさや衝撃というより、リズムや雰囲気、それに自信に満ちた表情で引きつけていく。ミーティングで話す時のフィリップは、自信満々のオーラを発していました。過大評価はいけないけれど、今までの経験から最低限のことをすれば必ず結果がついてくることが判っていた。7人兄弟の長男で責任感もあり、自分の心が揺れたり弱い一面を見せたりすることもなかった」

ダバディは、2002年日韓ワールドカップ、開幕のベルギー戦を控えたロッカールームの様子を、ゆっくりと再現し始めた。

「フィリップは、落ち着いてイントロダクションに入りました。的確なリズム、正しいトーン、言葉…、まるで優秀なオーケストラの演奏のようでした」

——4年間待ちに待ったワールドカップの初戦だ。みんな試合の重さは十分判っている。特別に何かをつけ加える必要はない——。

——今まで4年間やって来たようにブロックをコンパクトに。サイドバック(ウィングバック)のオーバーラップを使い、片方が上がったら、反対側のサイドはスライドしてミッドフィールドにポジションを移す…

「少しずつトーンが低くなり、逆にテンポが上がって行く。今まで登場していなかった後ろの打楽器がリズムを上げていくように…」

トルシエは対戦相手のベルギーについて話し始めた。

――要注意なのはマルク・ビルモッツ。中央から飛び出して来るので、プッシュアップ（押し上げ）を忘れないように――

「ここで一人ひとりの選手たちの目を見るんです。まだこの段階でスターティングメンバーは告げていません。フィリップは4年間誰にも指定席を与えずに競わせて来た。だからこの時点では、全員に出場するチャンスがある。そして6分間のミーティングのラスト30秒を切ったところで発表していくんです。GK楢崎、森岡、松田…。アカデミー賞でも、大物と初受賞の俳優には大きな違いがあります。大物俳優はノミネートされた時から、入念にスピーチの準備を始めます。そして選ばれた瞬間に、さあ自分の舞台だ、と会場を独占する。フィリップも見事に自分自身を演出していました。ただの戦術ミーティングではなく、戦術を伝えるパフォーマンスだったんだと思います」

開幕戦でベルギーと2－2で引き分けた日本は、その後ロシア、チュニジアを連破し、グループリーグをトップ通過する。大会史上開催国がグループリーグで敗退した例はなかった（8年後の2010年大会で初めて南アフリカが敗退）ので、重責を果たし面目を保った。

「この時点でかなり達成感があり、スタッフもみんな疲労困憊でした。でも決勝ラウンドに入ると〝もう失うものはないから頑張ろう〟程度のモチベーションでは勝てない。だから少しでも現状に胡坐をかこうとすると、フィリップは必ず爆弾を落とすんです」

決勝ラウンド1回戦の相手はトルコ。トルシエは、故障をした柳沢敦に代えて、まだ大会でプレーをしていなかった西澤明訓を抜擢。また初めて三都主アレサンドロをスタメンで起用した。試合は開始12分にトルコが先制。日本は三都主のフリーキックがクロスバーを叩くシーンもあったが、守備を固めるトルコを攻めあぐむ流れで推移した。

「もうフィリップは前半の終わり頃から、ブツブツ言い始めていました。何か大胆なことをしないと、前半から流れるもやもやした空気は断ち切れない。トルコに試合を持って行かれてしまうと考えていたんでしょうね。ロッカールームに戻るなり、片隅でみんなに意見を求めたんです。〝中田英寿を代えるつもりだが、どう思う？〟しかしこれは珍しいことではありませんでした。フィリップは、半分はストレス解消、残りの半分は確認作業のために、よくいろんな人たちに意見を求めました。既に自分の結論は固まっているんです。だから周りの意見をどの程度参考にするかと言えば、せいぜい5％くらいだったのではないでしょうか。私は中田英さんを代えたら、采配ミスだったと叩かれると止めましたが、フィリップはそれも想定していたと思います。スリーバックの中心でプレーをしていた森岡隆三さんの場合は逆でした。開幕のベルギー戦で故障をした森岡さんは、違和感が残ってもプレーは出来るレベルまで戻っていたので、それまでの経緯を考えて復帰を促す声が多かった。しかしフィリップは、万全でない選手は使わないと切り替えて、代わりに宮本恒靖さんの起用を即断していました」

結局トルシエは、中田英寿ではなく、この大会で2ゴールを挙げていた稲本潤一と三都主を後半から下げて、日本代表の挑戦は0－1のまま閉幕した。

トルシエの通訳は、終わったら暫く倒れ込む覚悟を持って臨んだ仕事だった。ダバディが述懐する。

「普通に4年間が終わったという感覚でした。毎日が刺激的でアドレナリンが漲り、いつもお腹に力が入りコーヒーを10杯は飲んでいる感覚でした。とにかく考える間もなく毎日が進んでいく。エキサイティングだったけれど、それが楽しかったかと聞かれれば違う。貴重な経験をしたけれど、自分に適った仕事だったのかどうかは判らない。ただ私にはフランスサッカー界の経験や知識もあったし、いろんな事情を考えると、フィリップに適した通訳だったとは思います」

大任を解かれてからは、とにかく新しいことをどんどんやろうと思った。

「事務所がパンクするくらい様々な仕事のオファーが舞い込み、今なら絶対にやらないけれど、NHKのドラマ出演の話も3度来て時代劇にも出ました。確かに楽しかった…。でもあの頃は本当に何も見えていなかった」

喧騒の波が引き暫くするとスポーツジャーナリストとして活動を始め、10年間以上のキャリアが積み重なった。

改めて20歳代の自分を見つめ直し「今なら8割以上は別のやり方をする」と穏やかに語る。やり直したいこと、もっとうまくやれたと思うことが、次から次へと浮かんでくるのだという。

「あのライオンみたいなフィリップをうまく調教できたかどうかは判らない。でも今なら、当然日本語もうまくなり、日本の文化や日本サッカー界の仕組みも理解出来ている。もっといい仕事が出来る自信はありますよ」

当時田嶋幸三（現ＪＦＡ会長）に助言された。

「改革をしたいのは判る。でも無駄に敵を作るのは、もったいないよ」

ダバディは続けた。

「きっと人のことを非難せずに、もっとスムーズに進める方法はあったと思います。例えば、当時は担当替えで野球からサッカーに回って来た記者が多かった。だから日本のサッカー文化が未熟だという前提で反論するのではなく、ヴァイッド・ハリルホジッチ監督が1時間以上かけて自分の戦術を解説したように、心から優しく説明してあげることも出来た。〝おまえは無能だ！　永遠に本物のプロにはなれない、欧州移籍なんかできない…〟欧州ではよく使われる言い回しです。しかしもともと世界を知らない人に言ったら逆効果になる。１９９９年コパ・

アメリカでは、フィリップがメディアに向けて〝名波（浩）は一生リーダーになれない〟と言ったそうですが（この大会の通訳はダバディではなかった）、これはやり過ぎです。モウリーニョなら内輪の諍いをメディアには洩らさない」

3年半に渡るトルシエとの共演に後悔はない。しかし振り返れば、改善できたと思える部分も少なくない。

「何より専業でないのがもったいなかった。24時間体制なら、もっといろんなことが出来たのに…。やはり代表監督には、多様なサポートが必要です。例えばハリルホジッチ監督にはフランス語の通訳がついていますが、プライベートでは母国語を話したいこともあるだろうし…」

思えば懐柔不能な「時の人」がストレートに感情を表し衝突を繰り返した3年半は、いつも緊張の糸が張り、メディアも侃々諤々の論争で盛り上がった。

「フィリップにとっては大きなプロモーションでしたね。10年間近くもアフリカで活動をしてきて、なかなか母国フランスで仕事をするのが難しくなっていた。もちろん日本はワールドカップの開催国で、それまで開催国がグループリーグで敗退したケースもなかったので、物凄いプレッシャーだったと思います。でも無口になることがあっても、落ち込んでいる時間は凄く短かくて、すぐに元気を取り戻しエネルギーを漲らせて暴れ始める。日本で頑張ったからフランスのメディアも注目して、母国でマルセイユの監督になれた。フィリップの願いは叶ったんですよ」

日韓共催という祭典を思い起こせば、その中心には必ず台風のような喧騒を持ち込んだフィリップ・トルシエがいる。しかしその傍らで助演男優の名演があったことを懐かしむ声も、決して少なくはない。

2
FLORENT DABADIE

3 鈴木國弘

サッカーの神を間近で崇めた最高の信徒

辞職を覚悟し、大げんか

鈴木國弘が住友金属サッカー部から通訳のオファーを受けたのは、35歳の時だった。「ジャパン・スポーツ・プロモーション」という会社に所属していて「ちょうど自分の履歴書が一番上に置いてあった」のが運命の始まりだと笑う。面談を済ませた鈴木は二つ返事でオファーを受けるのだが、誰の通訳なのかはトップシークレットで知らされなかった。

結局後から聞いて、途端に恐怖に慄くのだ。

「今でも覚えていますよ。ジーコが来日して記者会見に臨んだ時、住友金属の選手たちはみんな足が震えていました。テレビで拝むのも難しかったスーパースターが目の前にいるわけですからね。噂は出ていました。でもまさか本当に来るなんて、誰も信じていなかった」

ジーコには代理人ではなく、子供の頃から個人弁護士がついていた。鈴木は、彼に早速クギを刺された。

「いいか、ジーコがインタビューを受ける。その内容は翌日世界中に発信されていくんだからな」

震えるような重圧に襲われ、それから1年間近くは辞めたいと考えない日がなかった。

3

KUNIHIRO SUZUKI

中学時代からブラジルが大好きだった。

ブラジルのサッカーに憧れる少年は、竹刀で追い立てられ体力とキック力を競うような高校の部活には見向きもしない。縁あってブラジル大使館のサッカー部に潜り込むと、週末には実家のある千葉県松戸市から東京まで遠路通って試合を重ねた。とにかく楽しくて仕方がなかった。授業をさぼって試合に出たこともあり、翌日登校すると担任には固い出席簿の角で頭を叩かれ、さらに往復ビンタの追い打ちもかけられた。

高校を卒業すると、いよいよ憧れの地へと旅立つが、瞬く間に軍資金は底を突き1年足らずで強制送還のように帰国する。その後はブラジルの旅行会社に7年間勤務し、やがてフリーランスの身になりサッカースクールのコーディネートなどを手掛けている頃に通訳の話が舞い込んで来た。二つ返事だったのは「そろそろまともな仕事に就きたい」と考え始めていたからだった。

しかしさすがにスーパースターのジーコに寄り添う大任は、重圧の許容範囲を超えていた。

「とにかく大ファンでしたからね。ブラジル滞在中は、マラカナン（リオ・デジャネイロにあるブラジル最大のスタジアム）での試合に何度か出かけているし、ジーコの記事はスクラップをしていました。大好きだからこそイメージが壊れるのが怖かったんです」

だから実業団チームの対抗戦に出場し、土のグラウンドで佇むジーコの身体に赤とんぼが止まっている光景を目にした時は哀しくなった。とてもあのマラカナンを熱狂させた大スターと同一人物とは思えなかった。

「こんな所でプレーをしていてむなしくないんですか」

あまりに物悲しい光景に接し、鈴木は思わず尋ねていた。

それだけではない。当時住友金属は日本リーグ2部に所属しており、地方遠征に出かければビジネスホテルに泊まり、コインを入れなければ視聴できないテレビにも遭遇した。スウィートルームに慣れたスタープレイヤーには、とても考えられない待遇だった。

しかしジーコは平然と答えた。

「いきなり来日していたら面喰っていたかもしれない。でも最初からこういうものだと思って、気持ちを切り替えて来たから大丈夫なんだ」

ジーコは、発展途上国で伝道師の役割を果たすことが自分の使命だと考えていたようだった。それを裏づけるように、日本を離れた後もイラク、ウズベキスタン、インドなどに赴いている。

とんでもない悪条件を受け入れたジーコを見ても、当初鈴木は「どうせ腰かけ程度のつもりだろう」としか考えていなかった。ところが連日の鬼軍曹ぶりは、紛れもなく本気で改革をしようという気概を発散していた。チームはアマチュアの住友金属から鹿島アントラーズというプロクラブへの変革を迫られていた。ジーコは全身全霊で「プロとは何か」を植え付けようと

3

KUNIHIRO SUZUKI

していたのだ。ただし雲の上の人に怒鳴りつけられるスタッフは、毎日戦々恐々としてグラウンドへ足を運んでいた。

ある時鈴木は積もり積もった感情をジーコにぶつけた。

「もう辞めます。こんなに毎回怒られるのは耐えられない！」

ジーコは怪訝そうな表情で反論して来た。

「怒る？　オレはおまえを怒ったことなんかないぞ」

後から思えば文化の相違だった。鈴木は、ジーコが息子たちにも同じように接するのを見て納得するのだ。

しかしそれでもジーコとの口論は絶えなかった。雲の上のアイドルだったが、もう限界だと割り切れば、不思議と暴言が口を突いた。

鈴木はジーコの自宅経由でクラブへ向かうのが日課になっていた。ところがある時絶対に辞めると決めてすっぽかしたことがある。案の定鈴木の自宅の電話が鳴る。受話器を取らずに放置していると、父が取り次いでしまった。相手がジーコなので、さすがに父も驚きを隠せなかった。

「おまえの上司から電話だぞ」

鈴木が渋々受話器を受け取ると、ジーコが苛立っている。

「どうしてまだ自宅にいるんだ？」

「もうダメです。きょうで辞めますから」

「…ちょっと待て。辞めたいなら、まずプロとしてオレを納得させろ。オレが納得したら、次はフロントだ。どちらも納得させたら辞めてもいい」

「いや、もう限界ですから」

そう言い残すと、鈴木は乱暴に受話器を置いた。ところがその様子を見た父が、ただならぬ気配を察知して叱責する。

「それがおまえをここまで引っ張って来てくれた恩人に取る態度か！」

仕方なく鈴木はジーコ邸に向かうが、出発の時間を過ぎても堂々巡りの言い合いは続いた。

「プロというものはな…」

ジーコが話せば、鈴木は耳を塞ぐ。

「もう勘弁してくれ」

「判った。とにかく車に乗れ。鹿島へ行って、今までありがとうございました、とみんなに挨拶をしろ。それが人間としての筋だろう？」

「本当に挨拶するだけですからね…」

ようやく鈴木はハンドルを握った。もっともジーコは狡猾だった。鹿島まで3時間の道中で手を変え品を変え説得を重ねる。そのうちに、もう少しやってみてもいいかな、と鈴木の心模様も変わり始めた。

「結局現地に着いた頃には〝さあ、頑張るぞ！〟と元気一杯になっていました。きっとそんなこと、ジーコはまったく覚えていないでしょうけどね…」

メモはとらずに阿吽の呼吸

来日当初のジーコは、住友金属の管理職員用のマンションに住んでいた。

「朝食も1人で食べていたんです。言葉の問題もありますが、さすがに怖れ多くて誰も近寄らない。でも一見仏頂面をしているようで、本当は気さくでみんなとワイワイガヤガヤやっているのが大好きな人なんです。ある時、僕の顔を見るなり言いました。オレにずっと壁と話していろ、というのか！」

ようやく家族が来日して東京に居を構えると、鹿島まで往復6時間の送迎運転が鈴木の役割になった。

「連日一方的に話されました。とにかくオレという人間を知れ、ということでした。3～4か月間は続きましたね。これが凄く貴重な時間になりました。ジーコの思考パターンやリアクションの仕方、行動などが理解出来るようになり、だいぶ楽になったんです」

鈴木は記者会見等でも、一切メモを取らなかった。

「会社からは、形だけでもメモを取ってくれ、と言われて試みたこともあります。でも僕は通訳の勉強をしたことがないから、メモを取ろうとすると、逆にそちらに注意が向いて言葉が耳に入って来なくなってしまう。概してラテン系の人たちはノリで話します。だから変なところで止められるとリズムが狂う。どこで止めて日本語訳を入れて良いのかも判断がつかないから、最初はひたすらジーコが話すことを丸暗記していました。でもジーコの思考パターンが判ってからは、言葉の端々を耳に入れながら〝やっぱりね〟と確認するだけで良くなった。聞いていても聞いていなくても思考が判るから伝えられる。同時通訳のように出来るんです。逆にアルシンドのように考え方が読めないタイプでは不可能ですけどね」

ジーコが滋賀県でスクールを実施したことがある。夜は大歓迎で接待を受け、宴会の締めに主賓のジーコがお礼の挨拶をした。

「ジーコはブラジル独特の言い回しでジョークを飛ばしたんです。でも直訳をしたら、聞いている人たちはまるで意味が判らず、どん引きでした」

ジーコは鈴木に言った。

「サッカーの通訳なんて、ノリが大切なんだ。そのまま訳してウケないと思ったら、そこはお

3
KUNIHIRO SUZUKI

まえのギャグに置き換えればいいんだ」

「それでいいんですね、任せてくれるんですね」

それから鈴木は吹っ切れた。国際会議ではないので一言一句を正確に訳す必要はない。ジーコが意図することを理解し、ニュアンスが伝われば良いのだと割り切った。

「僕は太鼓持ちですよ。ジーコが話す。僕が訳した途端にドカーンと笑いが起こる。それでジーコは気分が良くなる。上司にも〝おまえの仕事は、ジーコを機嫌良くさせておくことだからな〟と強調されました。逆によく周りの人たちからは〝今日は（ジーコではなく）鈴木さんが喋ってたでしょう？〟と言われました」

ジーコに信頼され鈴木の裁量が広がったことで、2人の阿吽の呼吸が確立されていく。

「人間、頭で理解するだけではなく、納得出来ていないと身体で表現し難いものです。例えばジーコが〝右へ走れ！〟と怒鳴ったら、僕は選手たちを気持ちよく右へ走らせるための細工をしました。小さい頃からディベートなどに慣れた外国人と日本人の間には文化的な違いがある。ジーコが鼓舞し発奮させようとしても、そのままのトーンで伝えたら選手は微妙な受け止め方をする可能性があります。僕の仕事は、結果オーライなんです。どんな表現、伝え方をしても良い。とにかくジーコの要望通りに選手を動かすことなんですよ」

一方でジーコは常に主張した。

「いつもスタッフは同じユニフォームを着るんだ」

クラブ全体で同じ気持ちになることを意味した。だからジーコが怒れば、鈴木も一緒に怒った。

「ジーコはよく白板をバーンと叩く。するとマグネットが飛び散るんですよ。僕はそのマグネットを拾いながら、一緒に怒鳴り続けました」

ジーコはプライドの塊だった。Jリーグの開幕前にチームは欧州遠征に出かけた。現地ではクロアチア代表とも試合が組まれた。5年後にはワールドカップで3位になる強豪国が、プロとして公式戦デビュー前の鹿島アントラーズに、ベストメンバーで真剣に戦って来たのだ。結果は1－8で大敗だった。

「凄いメンバーが揃っていましたからね。試合が出来るだけでも十分にラッキーな相手ですよ。敵うわけがない。しかしそれでもジーコは激昂しました」

まだジーコの立場はプレイヤーで、監督は宮本征勝だった。しかしクロアチア戦の後は、ジーコが笛を持ち完全にチームを指揮するようになった。

「宮本さんは立派でしたよ。チームが良ければそれでいいんじゃないの、と愚痴ひとつこぼさなかった。今はクラブがプロになろうとしている時で、キャリアではジーコの方が何十倍も上なんだからと、まったく争うこともなかった。だからチームもうまくいったんですよね」

3
KUNIHIRO SUZUKI

欧州遠征はチームに意識改革をもたらし、格好の起爆剤となった。Jリーグ初代チェアマンの川淵三郎から「99・9%開幕から参加の可能性はない」と言われた鹿島アントラーズが、目覚ましいスタートダッシュを見せ、その勢いを利してファーストステージで優勝を飾るのだ。鈴木は、他のチームの通訳から盛んに羨ましがられたという。

「鈴木さんはいいよな。ウチなんか、結果が出ないから、みんなオレのせいにされるんですよ」

鈴木が解説する。

「監督なんて、みんな自信の塊ですよ。誰もがオレの言う通りにやれば勝てると思っている。逆に勝てなければ、自分の言っていることがしっかり伝わっていないからだと責任転嫁しがちです。ブラジルでは、監督をクビに出来るのは通訳だけだとも言われています。嘘を訳して伝えれば、チームは機能しませんから。そういう意味では、開幕から結果が出せたのはラッキーでした。きっとジーコも〝しっかり訳しているな〟と思ったでしょうからね」

1993年Jリーグ・ファーストステージ最終戦のことだった。優勝を決めて、ジーコが鈴木に通告してきた。

「きょうは爆弾発言をするぞ。歯を食いしばっておけ」

記者に囲まれ、ジーコは爆弾を落とした。

「このチームで事実上の監督はオレだ」

訳すべきなのか葛藤はあった。だが意訳でぼかせる内容でもなかった。
「日本の文化を理解している今ならあんなことは言わない。実質的に監督の役割をしていたのがジーコなのは、もうみんなが知っていましたからね。でも自己主張をしたかった、ジーコも若かったんでしょうね。

ジーコは契約に関しては一切クレームをつけません。あの頃はドル安が進んで年俸は半分くらいに減ってしまったのに、まったく不平を言わなかった。でも評価には拘った。それだけ真剣だったということですが、初めての優勝に導いたのが自分だとはっきりしておきたかったんだと思います。その後は本当に大変でした。社長は〝クビだ！〟と激怒です。内部事情を第三者に伝えたら解雇という契約条項もあったはずです。僕はジーコの弁護士と相談をして、必死にクラブ側を宥めました。どうして通訳がここまでやらなきゃいけないんだと思いましたよ」

Jリーグ開幕時の鈴木は、ジーコの専属ではなくクラブの通訳だった。だが他にサントス、アルシンド、さらに若いカルロスやヘジスが在籍していても、圧倒的にジーコに寄り添うことが多かった。
「きっと他の選手たちは、もっとオレたちもケアしてくれよと思っていたはずですよ。でも相手がジーコでは、格が違い過ぎて不平も出せなかった。しかしそれ以上に同じ通訳が、フロントとの契約交渉とピッチ上の両方をカバーするのは無理がありました。非常にデリケートな話をした1分後に、ピッチに飛び出して〝さあ頑張るぞ〟というわけにはいかない。ようやくクラブも理解をしてくれて、数年して複数の通訳を雇うことになりました」

ジーコを評して、絶対に公私混同がない人だと言う。

「物凄い人脈を持っていますからね。現役を退いてからも、クラブからは随分と頼りにされていました。でもジーコは、いつも今チームにとって一番必要なのは誰なのか、という尺度で考えるんです。かつてフラメンゴ(ジーコが最も長く在籍し愛着のあるクラブ)のフィジカルコーチが売り込みに来たことがありました。ジーコは言いました。〝話は判った。だったらウチのトレーニングを見て、あそこにいる小太りのコーチ(里内猛)より優れているという確信が持てたら言いに来い〟。ジーコは里内コーチにはイチから教え込み、全幅の信頼を寄せていたんです。結局トレーニングを終えても、フラメンゴのコーチは話しをしに来ませんでした」

15年に及んだ〝ジーコを入れる〟作業

ジーコとの関係は、日本代表監督に就任してからも続いた。ただし日本代表を指揮するジーコは、鹿島アントラーズの草創期とは別人だった。

「きっとJFA(日本サッカー協会)の川淵三郎会長(当時)は、鹿島時代と同じようにジーコに鬼軍曹をやって欲しかったんだと思います。あの頃のジーコは、ポジショニングもセンチメートル単位で細かな指示を徹底していましたからね。でも日本代表監督になったジーコは言うんです。〝鹿島に来たのは、もう10年以上も前のことだ。今の選手たちに、あんなやり方をする必要がない〟ってね」

日本代表監督時代のジーコは、魂に日の丸をまとっていた。少なくとも鈴木には、そう見えた。どんなに些細なことでも、日本が不公平な扱いを受けたり、見下されたりすると我慢がならない様子だった。

2005年ドイツワールドカップの抽選会を終え、ジーコが日本の記者団に囲まれている時だった。当時UEFA（欧州連盟）会長で現役時代から旧知のミッシェル・プラティニが歩み寄って来て話しかけようとした。だがジーコは、天下のプラティニを制して言うのだ。

「後にしてくれ。オレは今この人たちに話している」

プラティニは黙って記者団の輪が解けるのを待つのだった。

横浜でドイツを迎えた親善試合後の記者会見中には、圧勝した敵将のユルゲン・クリンスマンが、時間の都合で「先にやらせてくれないか」と姿を現した。

その瞬間だった。

「つまみ出せ！」

3

KUNIHIRO SUZUKI

ジーコの形相は一変していた。

「この試合で一番不甲斐ない思いをしていたのはジーコです。〝日本に恥をかかせるわけにはいかない〟が口癖で、試合の度に自分が先頭に立って走り出して行きそうな勢いでしたからね。本当は日本らしいサッカーでドイツをギャフンと言わせるつもりだったんです」

欧州遠征では終了間際の不可解な判定で敗れると、公然とレフェリーを罵倒した。

「オレたちは遊びに来たんじゃない、あのレフェリーは泥棒だ…。川淵さんの顔を浮かべ、悲しむだろうな、と思いながら訳していました。レフェリーへの批判とか大嫌いな方でしたからね。でも確かに判定が酷すぎた。今、ジーコがここまで言っているんだから、やはり訳しておくべきなんだろうなと…」

ブラジル代表の偉大な10番として、中田英寿と中村俊輔には、それぞれ個別に呼んでエースとしての心構えを伝えた。

「おまえはチームの顔だ。だから自分から直訴して来ない限り、オレはおまえを代えない」

実体験に基づく宣言だった。１９８６年メキシコワールドカップの前に、ジーコは当時ブラジル代表を率いるテレ・サンターナ監督から「おまえをベースにチーム作りをするからな」と告げられた。ジーコの膝は酷く悪化していて１００％の状態に戻ることがないのは判っていたが、とても無理だとは言えなかった。結局ジーコは壮絶なリハビリの末に、痛む膝で戦い抜くのである。

「ペレが試合前に入場して来ると、対戦相手の選手たちの視線が釘づけになるんです。でもペレも人間だから、モチベーションが上がらないこともあるわけです。そんな時は相手チームの中で、絶対にペレに触るなよ、と徹底される。ところが若い選手が途中でペレを削って、寝た子を起こしてしまうんですよ。削ったことで、ペレのやる気に火をつけてしまう。やる気になったペレは手がつけられませんからね。〝要するにエースというのはチームのシンボル。100%でなくて恥をかく可能性もあるけれど、必死にピッチに立つ。その覚悟が必要なんだ。〟ジーコはそういう考え方をしていました。エースはピッチに立つだけでマークを引きつけてしまうものだと言うんですよ」

ストイックな中田英は、どこか自分に似ているところがあると、ジーコは思った。だからこそ敢えて尻を叩いた。

「なかなか周りと相容れないのは判る。でもワールドカップでは大半が格上の相手と戦うことになる。みんながひとつにならなければ、とても太刀打ちできない。だからおまえの方から、みんなの輪に入って行くんだ」

それから中田英は、バスの中でも他の選手たちと大騒ぎをし、一緒にゲームまで楽しむようになったのだという。

裏返せば中田英はそこまでドイツワールドカップに賭けていた。その強烈な想いが、周りの選手との温度差を生んだと、鈴木は見ている。本番の開幕を控え、日本代表はマルタと親善試合を行った。開催国のドイツと2－2のスリリングな試合をした後で、最後の調整の意味合いが濃い試合だった。

「最悪のピッチだったし、みんなケガをしないでワールドカップを迎えたいと思っていたはずです。ところがヒデ（中田英）は、そんなテンションが許せなかったんでしょうね。一人でカリカリして厳しい要求をしていた。もちろん本気で取り組もうとしていたヒデは責められない。でも周りの選手とのわだかまりは残ったでしょうね」

鈴木は、いつも自分の中にジーコが入っていると感じるほど、一心同体で胸中を察して来た。しかし逆にジーコの本音を知り尽くすから、個々の選手たちに直接伝え切れないもどかしさも沈殿した。

「ドイツワールドカップの日本代表のフィールドプレイヤーで唯一出場機会がなかったのがヤット（遠藤保仁）でした。でもジーコは、ヤットのことを自分の愛弟子だと思っていました。前を向いてボールを持った方がいいとボランチに置いたのもジーコなら、まだガンバ大阪でも蹴っていなかったフリーキックを促したのもジーコでした。中盤のバランサーとして天性の資質があると凄く高い評価をしていて、今でも会えば、遠藤はどうしてる？　と聞いてきます。

でもまだドイツ大会の頃は、ワールドカップという舞台を考えると若過ぎた。またあの時のボランチは、福西（崇史）をアンカー的に使って、ヒデ（中田英）が前に出て行く形で構想を固めていました。本当はそういう事情を、僕がヤットに話してあげたかった。でもジーコが言わないのに、勝手な助言は出来ない。あくまでニュートラルな立場を貫かなければならなかったんです」

中立性を保つためにも、トレーニングを終えると、極力すぐに姿を消すようにした。

「通訳が目立っているようなチームはダメですよ。いたの？　というくらいがちょうどいい。理想は自分たちだけでコミュニケーションを取ること。だって試合が始まれば、いちいち監督の指示を仰いでいられませんからね。鹿島アントラーズが凄かったのは、ジョルジーニョと本田（泰人）が互いにまったく言葉は通じ合わないのに、どちらが前に出てどちらがカバーに入るなどのコンビネーションが完璧に出来ていたことでした」

結局ジーコとの付き合いは15年間にも及んだ。

「一般企業でも同じ上司の下で15年間も働くのは珍しい。喧嘩ばかりしていたのに、やっぱりどこか魅力があるんでしょうね。ジーコとは共同作業をしてひとつのものを創り上げてきたという感じです。日本で仕事をしている限り、ジーコも僕を必要とするから互いに求めあっていた。通訳として隣で話す内容を聞いて、内心それは違うだろう？　と思う監督もいます。みんな選手たちは通訳の表情を見ているので、それは絶対に顔には出せませんけどね。でもジーコの場合は、そういうことが一切なかった。日本人にとって、こんなに素晴らしい理論を持っている人はいないと心酔していたから、盲目的に訳してもまったく問題はなかった」

ドイツワールドカップを終えて暫くすると、鈴木はきっぱりとサッカーから離れ、5年間は仏教の修行に没頭した。

「15年間もジーコが僕の中に入っている感覚でした。〝ジーコを入れて（笑）〟言葉を訳していくという作業は物凄く体力を使いました。だからワールドカップを終えると、これでやり切ったという思いが強かったですね」

修行を終えてみて、宗教が異なる釈迦とカトリック教徒のジーコに相通じる部分を発見し、改めて感心した。

「やはり世界に影響を与える人は、無意識のうちに凄いことを言うんですよね。仏教では現在のことは、全て過去に起因する。だから今を是正するべきだと教えています。ジーコの特徴は、反復練習にありました。僕は隣にいて、この単調な反復が本当に嫌でした。でも仏道を勉強し始めて、やっぱり必要だったということに気づかされました。トラウマになっているようなミスは、今反復して自信を植え付けることで、過去の恐怖感を払拭していくしかない。他ならぬジーコ自身が、そうやってウィークポイントを克服してきたんです」

鈴木は突然白血病が発覚し、抗がん剤治療を行った。病床で苦闘する鈴木に返信をする余裕はなかったが、それでもジーコは連日激励のメールを送信して来た。

「鹿島時代の辛いことを乗り越えてきたんだ。おまえの根性があれば、絶対に乗り切れる」

その時鈴木は思った。

「要するに精神力なんです。こんなに辛いなら死んだ方がいいと思うと、どんどん病状は悪化する。でも人の祈りなどに後押しされて、生きなくちゃいけないと思ったら回復に向かったんです」

通訳の仕事を離れて8年間が過ぎた。もちろん今でもポルトガル語の会話は問題ない。「でも通訳をするにはリハビリが必要です。サッカーと同じですよ。トレーニングを続けているうちに、止めて蹴るという動きに速さと精度が高まっていく。ポルトガル語を日本語に置き換える作業も、続けていくうちに同時通訳レベルまで速くなっていくんです」

そう言って鈴木は相好を崩した。

そのまま会釈をして踵を返すと、病後の体力回復を図るために、10キロメートル以上の道のりを元気良く歩き始めた。

3

KUNIHIRO SUZUKI

4

鈴木徳昭

ワールドカップにもっとも近づいた日々の記憶

日産自動車への就職が転機に

きっと鈴木徳昭は、サッカーに染まった人生を運命づけられていたに違いない。

父の徳衛は元日本代表選手で、柏レイソルの前身に当たる日立製作所の監督も務めた。物心がつく頃からボールを蹴り始め、慶應義塾大学ソッカー部のユニフォームを着ると、父が指揮を執り3歳上の兄徳彦がキャプテンだった。

中学時代は横浜市選抜、慶應高校に進むと神奈川県の国体代表に選ばれ、同年代で競ってボールを蹴っていたのは風間八宏（川崎フロンターレ監督）都並敏史、戸塚哲也（ともに元日本代表＝読売クラブ）鈴木淳（元大宮アルディージャ、アルビレックス新潟監督）など錚々たる顔ぶれだった。

サラブレッドらしく順調にエリートコースを歩んで来た。まだ日本ではプロへの道筋が見えない時代だったが、日本代表になり外国へ出てプロになる夢を描き続けていた。

しかし大学時代の鈴木は、故障との戦いに明け暮れた。4年間で計8度の手術を行い、左右の足に2つずつある半月板が合わせて3つもなくなった。最後の手術を終えると医師に宣告された。

「これではサッカーどころか、普通の生活にも支障が出ますよ」

その瞬間に生き甲斐が消えた。

「正直なところ、死のうかな、と思いました。でも暫くして考え直したんです。逆に生きて行っても、きっとこれ以上辛いことはない。それなら今死なずに他の生き甲斐を見つけよう…」

一念発起して就職活動に入り、一般公募で日産自動車に入社する。

ところがここで再び切れたはずのサッカーとの縁が繋がった。ちょうど加茂周を監督に招聘しサッカーの強化に乗り出した日産自動車が、急速に成果を挙げ始めている頃だった。鈴木が入社する前年には、木村和司や水沼貴史など日本代表の軸となる選手を獲得し、入社した1984年の元日には初めて天皇杯全日本選手権を制した。後の横浜F・マリノスの発芽とも言える。そして鈴木が日産自動車に入社したことを知った加茂が「サッカー部に来ないか」と誘うのだ。

「取り敢えず3年間と期限を決めてやってみることにしました。人事厚生課に配属され、横浜工場の人事課でサッカーに携わっていくことになり、強化、スカウト、運営の仕事を始めたんです」

早速加茂に言われた。

「将来もこの道で食べていくには語学が大事だぞ。どちらが早く英語をマスターするか競争だ」

加茂に触発され、鈴木は語学学校に通い始め、社内研修なども活用して修得に努めた。

「実は大学時代にも、将来海外でプレーすることを考えて、少し英語やスペイン語を習っていたんです。なんとなく英語が出来るようになったかなと思った頃に、チームに元ブラジル代表のオスカーが加入してきました」

アマチュア時代の日本の企業チームに、ワールドカップに3度も出場経験を持つ元ブラジル代表のキャプテンが加わるのだ。それまでの助っ人とはインパクトの次元が違った。

「まだエージェントもいない時代です。加茂監督が親しい筋からオスカーを紹介してもらったようです。専属通訳もいないので、私がやることになりました。ピッチ上では、加茂監督が英語でやってくれるので、むしろ大変だったのはプライベートの部分でしたね。オスカーが来日してから、住居を探し、子供たちの学校を決め、最寄りのスーパーを教える…、通訳というより世話役に近かった。もちろん突然スケジュールが変われば駆けつけなければならないわけで、当時加茂監督、私、オスカーは3人とも車で5～10分間の場所に住んでいました」

オスカーの獲得は、その後の歴史を見ても、数々の波及効果をもたらしていった。日産には、さらにブラジル代表歴を持つレナトを初め、エバートン、後に帰化をして日本代表でもプレーをするロペス（呂比須ワグナー）なども加わっていく。また1994年、日本代表監督にファルカンを招聘する際も、ブラジル代表時代の同僚だったオスカーが橋渡しをした。

「オスカーは人間性が素晴らしかったですからね。その影響か、日産に入って来るブラジルの選手たちは、みんなしっかりとした性格の持ち主でした」

オスカーを守備の要に据えた日産は、ライバル関係にあった読売クラブからタイトルを奪還し、1988～89年にはJSL（日本サッカーリーグ）、リーグカップ、天皇杯の三冠を達成する。そこでオスカーは現役生活にピリオドを打ち、翌シーズンは監督に転身すると、今度はチームを2年連続の三冠に導き、名選手が名将でもあることを証明してみせた。

こうしてオスカーが結果を出し続ける一方で、それを支える鈴木も目の回るような日々を過ごしてきた。

「ニューヨーク・コスモス（米国のプロ北米リーグ屈指の人気チームでペレ、フランツ・ベッケンバウアーらも所属）でのプレー経験を持つオスカーは英語で話してくれました。でも他のブラジル人選手たちが入って来ると、どうしてもポルトガル語が必要になり、再びポルトガル語とスペイン語を習いに学校へ通い始めました」

アマチュア時代の日本で、プロの世界を知り尽くしたオスカーが指揮を執る。つまり勝つことのみを命題とする監督が、容赦なくそのための条件を突き付けて来るので、強化担当として会社側との交渉に回る鈴木は、完全に板挟みにあい苦戦を強いられた。

「私たち強化は、下部組織を整えるなど将来のプロ化を見据えた上で、中長期的なヴィジョンでいかにチームを強くしていくかを考えます。でもオスカーは外国人監督の立場で、あくまで現場で勝つことに徹するわけです。例えば、1つの重要な試合があるとします。この試合ではこういうパフォーマンスをしたいから、当日までに絶対に解決しておいてくれ、と難題を投げかけて来る。解決出来なければ試合には勝てないし、勝てないならオレは必要がないから帰る。そういう言い方になります。オスカーは、ピッチ上での勝利だけを求められているわけで、イングランドのようにチームの全権を握るマネージャー（イングランドでは、それが監督の役割）ではない。だからチームの年間予算や、それぞれの要望に応えるためにはどのくらい費用が要るのかは判らないわけです」

結局鈴木は、オスカー監督から矢継ぎ早の要望を受け止めると、会社とは粘り強い交渉を続け全てを実現していった。

「信頼するフィジカルコーチをつけてくれなければ絶対にやれない」

「クラブハウスに理学療法の機器がなければリハビリが出来ない。これでは4週間で治るものが8週間かかってしまう」

「この試合は重要な一戦なのでファイトマネーを倍にしてくれ」

オスカーを通して日本サッカー界は、初めてプロの意識や考え方と向き合っていた。

米国で生活をした経験を持つオスカーだが、やはり母国語で話せないストレスを抱えていた。

来日当初は鈴木に「早くポルトガル語をマスターしてくれよ。それがダメならスペイン語を頼むよ」とジョーク混じりに話していたという。逆にオスカーの英語はネイティブではないので、日本人にも判り易かった。鈴木の口調に苦笑が混じった。

「意訳をするつもりはなかったのですが、感情移入の部分は大切にしたかったんです。監督が気合いを入れて話していれば、同じテンションで伝えたかった。もちろん基本はストレートに訳すことなんですが、許される範囲の誇張表現は大切かな…と。リーグ終盤で優勝がかかった試合前のミーティングの時でした。監督が、いろいろあったけれど優勝はもう目の前だ、という内容の話をしたので、今まで山あり谷ありだったけれど、と訳したんです。そしたら選手から、山とか谷とか言っていないと思うんですけど、と指摘されたことがありました」

サッカーで生きていく

日産自動車サッカー部の仕事を始めた時は、3年間で社業に戻ると決めていた。そして濃密な3年間が過ぎた頃、朝まで加茂と語り明かした。加茂は鈴木に熱弁した。

「これから日本サッカーを変えていくには、現場はもちろんだが、クラブのマネージメントが出来る人間も必要になる。要するに会社の経営が出来て、サッカーも理解しているジェネラル・マネージャーだ。おまえ、チャレンジしてみないか」

まだ日本サッカーは、プロ化に進むのかどうかの分岐点に立ち、暗中模索の状態だった。しかし鈴木は「日本のサッカーを変えられるかもしれない」という加茂の言葉で決意を固める。

「これからは会社ではなく、サッカーの世界で生きて行こう」

完全に進路をサッカーの世界にリセットした鈴木は、やがてJFA（日本サッカー協会）の強化委員長に就任する川淵三郎に誘われ、強化委員の任に就く。立場は日産自動車からの出向だったが、重心は一気にJFAに傾いた。

「川淵さんが言うからには、日本サッカー界にとって最善の判断なのだなと解釈したので、迷いはなかったです。約7割が協会の仕事で、残り3割くらいは日産サッカー部の運営の仕事をしていたのですが、給料は完全に日産が面倒を看てくれました」

いよいよ日本サッカーは激しく動き始めていた。1993年にJリーグの開幕を控え、その先には2002年に巡って来るアジアで初めてのワールドカップの開催に立候補していた。だが依然として日本にとってワールドカップは未知の世界だった。やはり突破口を開くにはプロの監督が要る。そう考えて川淵強化委員長は、初めて日本代表の監督を外国人に託す英断を下す。白羽の矢を立てられたのが、ヤマハ発動機（ジュビロ磐田の前身）やマツダ（サンフレッチェ広島の前身）で指導経験を持つオランダ人のハンス・オフトで、鈴木がコンタクトを取ることになった。

「最初は川淵さんもきちんとした通訳をつけようと話していました。しかしまだ当時は、サッカーの現場のことを理解しながら言葉も出来る人が少なかった。だったらおまえがやってくれ、という話になりました」

鈴木には、いくつもの肩書が重なった。ＪＦＡ強化副委員長であり、日本代表チームの総務及び広報担当、そして監督の通訳だった。

「日産自動車での経験もあったので、きっちりと仕事を遂行する自信はありました。でもまだ英語はスペシャリストというレベルではなかったので、言葉に詰まることも多かった…、というか、そういうことだらけでした。それでもグラウンド上のことは、私も子供の指導経験もあったので問題はなかった。ドキドキしていたのは記者会見ですね」

１９９2年3月、オフトの代表監督就任会見には約２００人もの報道陣が集まった。

「本当に驚きました。それまでの経緯を思えば20人くらいだと思っていましたから…。でも幸い以前から知り合いの記者の方々は、私が（専門の）通訳ではないことを知っていました。また私より英語が堪能な方も2～3人はいましたから、逆に〝今こう訳しましたが、もしもっと良い訳がありましたら教えてください〟と、お願いしてしまいました」

当時２００人の報道陣がいかに異例だったかを物語るエピソードがある。

「オフト監督が就任して間もなくオランダ遠征に出かけているんですが、同行したのはテレビ局の記者1人だけで自らカメラを回していました。また最初の公式大会となったダイナスティカップ（8月中国開催）も韓国の35人に対し日本は2人だけでした。1993年に入るとイタリア遠征がありましたが、レッチェ戦後の監督会見はクラブハウス1階のレストランでコーヒーを飲みながらやりましたからね」

1993年秋、カタールのドーハで開催される米国ワールドカップ最終予選には突然250人もの報道陣が押し寄せ現地でもトピックになるのだが、この大会期間中も試合日以外の会見はホテルの狭い一室に大勢の記者をすし詰めにして行っていた。

「総務の肩書で通訳をすると効率化される部分もあります。JFAの立場から、監督の発言をそのまま訳して良いのかどうかを判断が出来たからです。ストレートに訳さない方が得策だと思えば、ニュアンスを和らげることも出来るし、今監督はこう言いましたが、現状でJFAとしてはこう考えています、という補足も出来た。今後のスケジュールについての質問が出れば、監督が答えるまでもなく、それは後日発表します、と私が直接答えることも出来ました」

プロの外国人監督が誕生し、JFAや日本代表も急変貌していく。

「監督、選手がプロになったのだから、協会もプロにならなければいけないと認識しました。日本代表戦で初めてファイトマネーが出て、選手を提供するクラブにも保証金が出るようになった。移動便がエコノミーからビジネスに変わったのもこの頃です」

論理的なオランダ人監督が、ラモス瑠偉や三浦知良ら即興的でテクニカルなスタイルを好むブラジル色の濃い日本代表を指導するのだ。最初から衝突が絶えなかった。

オフトはトレーニング中に指笛を多用した。しかしラモスを筆頭に、プレーを再三止められることと、行為そのものに反感を抱いた。

「ボールを奪われていないのに、なんで止めるの？」

「だいたいオレたちは犬じゃないぞ」

ただしオフトはラモスの反乱にも、威厳を保ちながら思慮深い対応をした。

「直接〝出て行け！〟と高飛車に出るのではなく〝こういうことが出来ないなら、出て行ってもらうことも考えなければいけない〟という言い方だったと思います。規律に厳しく、物事を徹底して追求していくところはオスカーと似ていました。ただしオスカーには自説を絶対に曲げない頑固さがありましたが、オフトは筋を通す一方で、柔軟性もあり許容範囲は広かったと思います。選手と衝突しても、翌日まで尾を引くことはなかった。でも逆に本人を前にした時は平静を保っていたのに、後から内心ではこんなに怒っていたんだ、とびっくりしたこともあります」

チーム内の「ギスギスした空気」は、なかなか溶解していかなかった。

「オフト監督のトレーニングは、とにかくシンプルなことを繰り返すメニューが多かったんです。例えば、アイコンタクトを確認するためのパス練習をする。パスを受けて顔を上げ、次の受け手とアイコンタクトをしてパスを出す。日本代表選手にとっては、技術的にも本当にくだらないと感じられるレベルの練習なので、そんなの判ってるよ、という声が挙がります。でもオフト監督と選手の間では〝判っている〟という解釈に違いがありました。監督の〝判る〟という基準は、ピッチ上で間違いなく表現できることを指します。だからアイコンタクトをしても、次の受け手と意図が合わず、受け手の動き出しとパスの方向がずれてしまえば〝だから判ってないじゃないか！〟ということになるわけです。本当に出来るようになると、メインのトレーニングではなく、ウォームアップに組み込まれていくようになりましたね。

アイコンタクト、トライアングル、スモールフィールドなど、いくつかのキーワードが繰り返されていたので、通訳が入らなくても判ることが多く、チームとしてやりたいことはすんなり浸透して行きました。しかしやはり結果が出るまでは、監督と選手の間に入って本当に大変でした。私は両者の言い分を訳すわけですが、どちらも判らないわけではない。そもそもカリオカ（ラモス）都並（敏史）テツ（柱谷哲二）らは、みんな昔からの友だちですからね。言い易いから徳さん（鈴木）、そこはもう少し頑張ってよ、などとプッシュされることもあり、まあまあ、そうは言っても…、と通訳として言葉を伝えながら、総務の立場で宥める。そんなことの繰り返しでした」

オフトがキーワードを徹底してきたこともあり、サッカー界では外来のカタカナ表現が急増して行った。例えば一般的に「規律」と訳されるＤｉｓｃｉｐｌｉｎｅ（ディシプリン）なども日常会話に入り込んで来た。

「日産時代にオスカーもよく同じ言葉を使っていました。ただし同じディシプリンでも、ピッチ上の鉄則なのか、ミーティングに遅刻をしないなど生活面を含めたものなのか、言った背景で違ってきます。また選手が実際に行動に移せなければ理解出来たとは言えないというオフト監督のスタンスからしても、状況ごとに補足説明を加える必要がありました」

転機になったのは、オフトが就任して5か月後の1992年8月に北京で行われたダイナスティカップだった。東アジアのチャンピオンを決める大会で、日本は2年前に開催された第1回大会では4か国中最下位に終わっていた。

オフトは、この大会で卓越したモチベーターとしての資質と分析力を活用して、チームを優勝へと導く。その後もこの時の手法は語り継がれ「マジック」と称賛されるようになるのだ。

初戦の相手は、長年圧倒され続けた韓国だった。オフトは試合前のロッカールームで、韓国のスターティングメンバー用紙を手に名前を読み始めるが、途中から乱雑になり遂には〝どうでもいい〟とばかりに破り捨て踏み潰してしまうのだ。相手は関係ない。自分たちのやるべきことをやるんだ、というメッセージだった。

「やるしかないぞ！」

キャプテンの柱谷が気勢を上げてピッチに飛び出すと、全員がそれに続く。韓国コンプレックスという呪縛が解けた日本は、相手のハイプレスをかわしてしっかりとゲームを作り、互角以上の内容で引き分けるのだ。

鈴木が当時を思い起こす。

「私もこういうパフォーマンス（スタメン用紙を破り捨てる）をする指導者もいることは知っていたので、あるかな、とは思って見ていました」

さらに〝マジック〟が光ったのが次の中国戦だった。キックオフを前に、まるで預言者のようにオフトは語り出す。

「25分まで中国が猛攻を仕掛けて来る。そこを凌いで先制するんだ。残り15分になれば、中国の観客も日本の応援に回る」

鈴木が述懐する。

「開幕の中国－北朝鮮戦を見て、そう分析したんですよね。試合前に展開を読み、その通りになったことは他にも何度かあった。さすがに選手たちも、凄いな、と感じるようになりました」

結局オフト新体制の日本代表は、ダイナスティカップで初優勝を飾り、その秋には広島で行われたアジアカップも制して、大陸チャンピオンとしてワールドカップ予選に挑むことになるのだ。

ドーハの悲劇を乗り越えて

後から振り返り「Jリーグの開幕が、あと1年遅ければ」という声も少なくない。プロの時代が幕を開けたことで、選手たちのテンションが上がり過ぎて疲労を取り切れないままワールドカップ予選に臨むことになったからだ。まして創設当初のJリーグは、新しいファンへのPRも兼ね、延長Vゴール方式でPK戦まで行われていた。

しかし鈴木の見解は違った。

「むしろJリーグが出来て、選手たちのモチベーションが上がり高いレベルの切磋琢磨が出来るようになった。代表強化でもメリットの方が大きかったと思います」

オランダ出身のオフトも同様に考えていたという。

「先進国の監督だからこそ、代表チームの活動期間が限られていることを理解している。だから日頃から、強化の基盤になるのはクラブだし、クラブの協力は不可欠だと繰り返していました。Jリーグの実行委員会に出席させてもらって、そういう話をしたこともありました」

日本代表合宿に入ると、毎晩オフトの部屋に清雲栄純ヘッドコーチとともに集まり、延々と語り合った。

「オフトは神経質なタイプなので、選手たちのいろんな情報を欲しがっていました。メディアの記事は、総務としての判断で必要だと思えば伝えていました。3人で話す時は、選手の欠点も含めてストレートな話になります。〝●●は使えない〟などと辛辣な言葉も出てきました。〝でもレギュラーが故障をした場合に備えてモチベーションを維持させておく必要がある。だから本人には良いことだけを伝えておいた方がいい〟など、外には漏れない話し合いなので率直でした。ただしそうやって招集し続けた選手が、大事な試合で活躍するケースもたくさんあったんですよね」

日本代表をワールドカップに出場させるために来たと話すオフトから、その先の野望は感じられなかった。

「日本代表を成功させることを名誉に感じ、そのために邁進している感じでした。それをステップに他の代表やトップクラブからのオファーを引き出したいという野心は見えなかった。(ワールドカップに出場する)自信はあったと思いますよ。もちろんそれが絶対ではなかったかもしれないけれど、出場権を勝ち取ることだけを考えていたと思います」

1993年秋、日本代表は、カタールのドーハで集中開催された米国ワールドカップ・アジア地区最終予選に臨んだ。6か国が出場して出場権が与えられるのは、上位2か国。2勝1敗1分けの日本は、1位で最終戦を迎えていた。

対戦相手はイラク、規定の90分間を過ぎても2－1でリードしていた。このまま終われば、夢だったワールドカップへの初出場が決まる。しかし時計が90分間を回り、イラクがラストチャンスでカウンターを仕掛けてコーナーキックを取る。ここから同点のヘディングシュートがゴールネットへと放物線を描いた。

その瞬間に日本は失意のどん底に突き落とされ、逆に韓国には絶望的だったワールドカップの切符が舞い込んだ。

「その後もオフトは、最後の1日のことを悔しげに何度も口にしていました。あと1分、いや40秒だったのに…。でも残念でしたが、やりたいことが出来ずに負けたわけではないから、やるべきことはやったという清々しさはありました。目標としていたワールドカップに出られなかったので、成功したと言ってはいけないと思いますけど、オフトは時代に適した代表監督だったとは思います。私自身もやり甲斐のある貴重な仕事をさせて頂きました」

ドーハの悲劇に直面して、鈴木も自身の歩む道を決めた。日産自動車を退社しＪＦＡに籍を移すと、主に活動の場を海の外に移すのだ。

「ドーハでは本当にワールドカップへのドアを開けてくれそうでした。でも一方で世界の強豪国は、こんなことを何度も繰り返して来たわけです。4年後には世界一になるフランスも土壇場で出場権を逃したし、サッカーの母国イングランドでさえも繰り返し苦い思いを経験して来ました。こうした伝統国は、指導者、メディア、ファンも含めた総合力を持っている。やはりピッチ上だけではワールドカップへのドアは開かない。日本もさらに強くなるには、もっと世界を知る必要があると考えたんです」

日本が出場を逃した1994年米国ワールドカップには、組織委員会のメンバーとして参加して来た。大会を終えると3か月間はFA（イングランド協会）で研修をした。

「毎日素晴らしい考え方の人たちから話を聞けて泣けてしまいました。国民が生きていくために、スポーツが、サッカーが、どれだけ尊いものなのかを誰もが認識していましたね」

鈴木はFA内で彼我の現状を比較して話した。

「クラブの文化が確立されたイングランドは恵まれています。それに比べて日本は、まだ学校体育が中心になっている。これからクラブの文化が出来て、あなたたちに追いつくには100年間かかってしまうかもしれない」

だが間髪を入れずにFA側から反論が出た。

「私たちの国だって、もともとはスクール（学校）が中心だったんですよ。今私たちが抱えるテーマは、どうやって学校教育を地域のコミュニティに移していくかです。学校でクラブの指導者が教えるなど、互いに連携、共存する新しいシステムを創ろうとしているんです」

また鈴木が感銘を受けたのは、育成現場を見守るメディアの姿勢だった。それは少年団から高校まで結果至上主義に走りがちな日本とは、明らかに対照を成していた。

「小学生レベルの試合でもメディアは取材をします。でもメディア側が、試合結果を紙面に載せることはない。このチームがこんなパフォーマンスをしたとか、ある選手がこういうプレーをした、などという記述に止めている。メディアがスポーツを健やかに育てていくという意味を理解しているんですよ」

さらに鈴木は続けた。

「FAカップのプロモーションビデオがありました。登場して来るのは小さな子供です。こんなナレーションが流れるんです。将来この子は優勝トロフィーを持つことが出来ないかもしれない。でも私たちは、子供たちにトロフィーを持つ夢を与えることは出来るはずです」

こうしてスポーツ、そしてサッカーの持つ大きな使命を知悉しているからこそ湧き出て来る発想が、鈴木の琴線に触れた。

ワールドカップや五輪の招致にも携わり、プレゼンテーションの役割を担うようになると、今度は通訳をする側からされる側の立場も体験した。

「通訳は人が話した言葉を訳すわけで受け身の仕事でしたが、AFC（アジア連盟）などのカンファレンスでは、私が英語で話したことをアラビア語で訳してもらうこともあります。やはり判らない言葉に訳されていく小さな不安…、そういうと失礼になるかもしれませんが、それは少し実感できたと思います」

プレイヤーを断念し、新しい形でサッカーに再会した。自ら日の丸をつけてトップレベルで活躍する夢は破れたが、日本サッカーを世界の頂点に引き上げる夢は続いている。

「ドーハの悲劇を経て、日本サッカーは、ここまでまずまず順調に成長して来ました。ワールドカップには5大会連続出場を果たし、2度ベスト16に入りました。でも本当に大変なのは、ここからです。今度はずっとベスト16に入り続ける力をつけなければならない。次にベスト16に入り続けて、運が良ければベスト8やベスト4に入れる国になる。ここが2段階目。そして優勝を狙うなら、必ず準決勝、決勝を目指せるレベルに到達しておく必要があります。なにしろベスト4以上を5回も経験している（決勝進出が3度）オランダでさえも優勝をしていないわけですから」

欧州のスタジアムに身を置くと、羨ましく思えることがある。

「ゴールに繋がる3本前に素晴らしいパスがあれば、そこで大きな拍手が沸き上がる。30～40年先に日本もそういう国になっていなければ、ワールドカップでの優勝争いは出来ないですよね。でも私は信じていますよ。いつか日本は間違いなく世界一になります」

4
TOKUAKI SUZUKI

通訳の仕事を終え世界に飛び出してからは、さらにフランス語もマスターし、今では5か国語を操っている。

5 高橋建登

知られざる韓流スターの苦悩を解したハングルマスター

写真提供：高橋建登

ホン・ミョンボの有言実行

静謐が支配する試合前のミーティングルームで、選手たちの心はホン・ミョンボ（洪明甫）が発する一言一句に吸い寄せられていく。その言葉を追いかけるように日本語に変換していく高橋建登にも、みるみるチーム内の士気が高まっていくのが判った。

１９９９年ナビスコカップ決勝、柏レイソルの守備の要、ホン・ミョンボは、出場停止処分を受けてピッチに立つことが出来なかった。だがそれでも西野朗監督はチームの支柱を決戦の舞台に帯同し、出陣前の戦士たちへ向けた締めの言葉を求めた。

「勝負の世界に2位は要らない。2位にあるのは、慰めの言葉だけだ！」

約2時間後、柏レイソルは１２０分間の激闘の末にＰＫ戦を制して、クラブ史上初めてのタイトルを手にするのだ。

実はチームを決勝戦に導いたのも、ホン・ミョンボの有言実行ぶりだった。準決勝の第１戦で柏レイソルは、アウェイながら名古屋グランパスに3－１で快勝した。しかもこの試合で名古屋は大黒柱のドラガン・ストイコビッチが警告を受け、柏での2戦目には出場できなくなった。敵地で2点差の勝利を飾った柏レイソルの優位は、動かし難い状況が整ったのだ。

ところが追い込まれた手負いの名古屋グランパスは、逆に折り返しの2戦目で序盤から捨て身の猛攻を仕掛ける。気が付けば、柏は前半で2失点して初戦のリードを帳消しにされていた。まさかの展開で、ハーフタイムのロッカールームには少なからず動揺が伝染していたはずだ。しかしそこでホン・ミョンボの鋭い一声がチームを引き締める。

「みんな、自分がやらなくても、誰かがやってくれるだろう、誰かが助けてくれるだろう。そんなことを考えていないか！」

名古屋グランパスは、後半も決定的なチャンスを築いた。カウンターから野口幸司が抜け出す。しかし間一髪、ホン・ミョンボが辛うじてファウルで止めた。すぐにイエローカードが出る。この行為で自身は、次の試合（決勝戦）に出場する資格を失った。ただしここで逆転ゴールを与えなかったことで、チームは延長戦に入って勝ち越し、初めてのタイトルに挑む権利を手にしたのだった。

また当時柏は、なぜかセレッソ大阪を苦手としていた。１９９９年シーズンはホーム、アウェイともに０－３、２０００年前期のアウェイ戦も１－４と完敗が続いていた。そこで後期のホームゲームを前に、ホン・ミョンボが口を開いた。

「僕はずっとこの日を待っていたんだ。なぜならやっとセレッソに復讐できるからだ」

２０００年にＪ１に昇格し、好調な試合を続けていたＦＣ東京との試合前には、しっかりとクギを刺した。

「FC東京は、今Jリーグの中で一番勝ちたいという気持ちを強く持っているチームだ。彼らに勝つなら、勝ちたい気持ちで上回らなければならない」

ホン・ミョンボは現役を退くと指導者に転身し、韓国代表監督として采配も揮った。2012年ロンドン五輪では、3位決定戦で日本を破り銅メダルを獲得している。

「今、チームメイトがなにを考えているのか、それを把握する力が並外れている。とにかくカリスマとしてチームを本気にさせる能力を持っていましたね」

この頃から高橋は、ホン・ミョンボの指導者としての高い資質を感じ取っていた。

1999年のシーズンが終盤に近づくと、柏で通訳を務める高橋は、監督の西野から「ちょっと、ミョンボを呼んでくれ」と声をかけられた。ミョンボに伝えると、彼は怪訝そうに首を傾げる。

「なにか文句でも言われるのかな…」

ところが西野は顔を合わせると、開口一番「キャプテンをやってくれ」と告げてきた。

「エッ!」

その刹那、ホン・ミョンボは絶句する。

高橋は当時を思い出して吹き出した。

「ミョンボは驚いて、思わずグルッと一回転していましたよ」

5
KENT TAKAHASHI

ホン・ミョンボは、すぐには決心がつかない様子だった。

「日本人のキャプテンをサポートしていくことなら出来ますけど…」

しかし暫く黙考し、再び言葉を発した。

「もしやるなら条件があります。韓国代表のようにやっていいなら引き受けます」

西野は即答した。

「それを期待しているんだ」

日韓を比較すれば、プロセスを大切にする日本に対し、韓国には直截的に勝負に拘る伝統が築かれていた。ミョンボに寄り添ってきた高橋も「やはり韓国代表の試合になるとスイッチが切り替わる」と感じていた。

もっとも高橋は、まるで闘争心とプライドの塊のようなミョンボの素顔も知っている。

「どうキャプテンは大変？」

「毎週話す言葉を見つけるのが難しいんだよ」

来日後のインタビューで「日本に来て一番うれしいことはなんですか」と聞かれると、こんな茶目っ気も出した。

「休みの日に奥さんと手を繋いで散歩が出来ることです」

ワールドカップに4度も出場することになる韓国の至宝は、日本に滞在している間だけは普通の人に戻れるのだった。

そんなミョンボとの関係で、高橋には「人生最大のミス」という後悔がある。

２０１０年秋、ホン・ミョンボは、ロンドン五輪用の韓国代表（U－23）を起ち上げた。日本から池田誠剛をフィジカルコーチに招聘したので、高橋にも池田の通訳としてオファーが来たのだ。しかし当時高橋は、全日本大学サッカー連盟の仕事をしていて日本を離れるわけにはいかなかった。

「結局ロンドン五輪に行き損なったんですよ。行っていれば一緒に銅メダルをもらえたかもしれないのに…、その後はブラジルワールドカップにも行けたかもしれない」

笑みを湛えながらも、痛恨の想いがしっかりと伝わって来た。

高橋建登をサッカーと巡り合せたのは、公務員だった父の転勤である。小学5年生まで住んでいた東京都大田区から世田谷区用賀へと引っ越すと、転校先の用賀小学校ではサッカーを校技のようにしていたので「遊び感覚で自然に」ボールを蹴り始めた。さらに用賀中学校に進みサッカー部を選択するのだが、入学時のキャプテンが現在ＦＩＦＡ（国際サッカー連盟）理事でＪＦＡ（日本サッカー協会）会長の田嶋幸三だった。

高橋は今でも中学時代の活動ぶりを詳細に覚えている。とにかく高橋がサッカー部に在籍した頃の用賀中は、全国有数レベルの実力を誇った。1年時には、田嶋を擁して関東大会を制覇。全国大会へは進めなかったが、関東大会の決勝で3－0と圧勝した大原中（埼玉）が、その全国大会では古河一中（茨城）と優勝を分けた。高橋が3年時には東京都代表として全国大会に進み、2回戦で敗れる（0－3）のだが、対戦相手の朝日明和中（三重）には後に四日市中央工業に進み高校サッカー界を沸かせる樋口兄弟（兄・士郎＝ユース日本代表・現四日市中央工監督、弟・靖洋＝元横浜Fマリノス監督）がいた。また都内でライバル関係にあった目黒五中には、後に帝京高校で全国制覇をして日本代表のボランチとして活躍する宮内聡がいて、センターバックの高橋は「潰してくれ」とマークを託された。

「用賀中にも宮内に匹敵するようなサッカーセンスの持ち主がいました。でも誰も強豪校へは進まなかった。まだ当時はいくら中学時代にうまくても、サッカーを中心に高校を選択するような流れがなかったんです」

ただし高橋自身は、サッカーを続けるつもりで東海大浦安高校に進んだ。ところが実際に入学してみると、サッカー部がなかった。

「サッカーをやめるつもりは全然なかったのに…、最悪ですよね」

サッカーが好きなのにプレーする環境がなくて引退を余儀なくされた高橋は、そのまま東海大学を卒業して母校で仕事を始めた。

「広報活動で新聞や雑誌の制作をしていました。自分で記事を書き写真も撮り、スポーツを取材する機会も多かった。そこでサッカー部の宇野勝監督と知り合ったんです」

１９８５年夏、取材を通して宇野と親しくなると、3泊4日の韓国遠征に誘われた。結局は、それが大きな転機になった。

「東海大学は亜州（アジュウ）大学と定期戦をしていました。この亜州大のイ・ウンソン（李殷成）監督が凄くいい人だったんです。初めて韓国を訪れて面白い国だなと感じて、その冬に今度は一人で旅行に出かけました。まだ韓国語は出来なかったし、イ先生もほとんど日本語が出来なかったのですが〝よく来たな〟と大歓迎。現地の食堂へ連れて行き、肉を御馳走してくれました。他にも宇野監督に何人かのサッカー関係者を紹介してもらったのですが、みんな温かかったですね」

人に魅きつけられた高橋は、以後長期の休暇が取れる度に韓国へ一人旅に出た。そして次は旅ではなく、現地に住んでみたいと考えるようになるのだった。

「初めて韓国へ行ってから言葉を覚えたいと考え始めたんですが、当時は教えてくれる機関がなかったんです。数年間は、毎週水曜日に朝日カルチャースクールに通いましたが、やはり趣味のレベルで限界がある。それなら留学をしようと決断しました」

5

KENT TAKAHASHI

唯一の学び舎で韓国語を修得

1989年3月、延世（ヨンセ）大学の韓国語学堂に籍を置いた。

「この頃外国人が韓国語を勉強しようと思えば、ここに入るしかなかったんです。生徒は在日と在米の韓国人、それに韓国に滞在する米国兵が大半を占めていました」

クラスは1〜6級に分かれ、それぞれが3か月間のクールになる。高橋は2級からスタートしたので、最高の6級まで計1年3か月間で全課程を修了した。これで会話のスキルは全く問題がなくなった。しかしさすがにサッカーの専門用語までは学べなかった。

1990年夏、高橋は帰国して東海大学に戻ると、宇野監督に声をかけられた。

「せっかく韓国語を勉強したんだから、韓国のニュースでも雑誌に書いてみないか」

そう提案すると、早速サッカーマガジン編集長の千野圭一に電話をかけた。

「今、韓国にこんな凄い選手がいるんだけど知っている？　ここにはね、こういう情報がいっぱいあるんだけど、載せてみない？」

千野が快諾して、高橋は1991年から10年間、サッカーマガジンに韓国情報を提供し続けることになる。始めた時は月刊誌だったが、Jリーグの開幕が近づくと隔週誌になり、間もなく週刊誌へと変わっていった。

「宇野監督は、いつも嘆いていました。日韓戦をすると、韓国側は日本にどんな選手がいて誰が好調で誰がケガをしているなど、全て詳細を網羅していた。在日の人たちが情報を送っているんです。ところが日本では、専門誌にさえ韓国の情報が載っていない。情報戦は100対0で負けている、と話していました」

まだインターネットのない時代だった。高橋は情報を収集するために「朝鮮日報」「スポーツ朝鮮」「京郷（キョンヒャン）新聞」と3紙を定期購読することにした。

「京郷新聞だけは、固有名詞が漢字で表記してあるので貴重だったんです。当時日本の雑誌では選手の名前を漢字で表記していましたからね。これでサッカーの専門用語や言い回しは、だいぶ覚えました」

こうして高橋は、通訳への道へと足を踏み入れていく。そして1997年5月、ホン・ミョンボがベルマーレ平塚に加入するという情報を耳にすると、すぐに宇野に尋ねた。

「ミョンボの通訳、どうなっているんですかね？」

同じ神奈川県内なので、ベルマーレ平塚と東海大学は、よく練習試合を行うなど交流があった。まだ通訳が決まっていないことを確認すると、高橋はテストとして数日間ミョンボに付き添い、その後の草津キャンプから本格的にチームのスタッフとして働くことになった。

平塚に入団して2〜3か月間が経過した頃、ホン・ミョンボが高橋にポツリと洩らした。

5

KENT TAKAHASHI

「ベルマーレは素晴らしい。練習場の芝もクラブハウスも綺麗だよね。でも韓国の方が進んでいる部分もある。食べることと休むことだよ…」

それは高橋が初めて韓国を訪れ、プロクラブではなく大学の施設を見た時に実感していた。

「日韓では大学の運動部の性格が異なっています。日本は課外活動の一環みたいなところがあるから、入りたい生徒がいれば入部を拒めない。だから部員が100人にも200人にも膨れ上がる。でも韓国では選ばれた者だけが入部するので、全寮制で学費も免除。選手たちには学校の食堂で栄養価の高い食事が3度、しっかりと提供されます。クラブハウスには選手それぞれに個室が確保され、午前、午後と2度の練習の合間には、自分の部屋でゆっくり休むことが出来ます。もちろんそれなりの投資が要るわけですが、韓国は大学レベルでもそれをやっていた。サッカー選手にとって、食べることと休むことは重要な仕事ですからね。日本では、芝生やクラブハウスなど目に見えるところは綺麗になった。でも本当にお金をかけるべきところは他にあると思うんですよ。今でも自前の食堂を持つJクラブは、いくつあるんでしょうね…」

残念ながら平塚時代のホン・ミョンボは、期待に沿う活躍が出来なかった。

「本来のリベロではなくボランチで起用されたので、プレースタイルが変わり、その影響が大きかった。口には出さないけれど、悩んでいたと思います。韓国代表に行くと人が変わる、なんて陰口も出ていましたから」

しかし1999年に柏レイソルに移籍すると、見事に輝きを取り戻した。

「柏では3バックの真ん中という本来のポジションでプレーが出来ましたからね。また一緒にやり易い選手たちにも出会えた。両側に空中戦に強い渡辺毅と足の速い薩川了洋がいて、明神智和がボランチを務めていた。凄く充実していたはずです」

このシーズン、ホン・ミョンボを軸に据え3バックで戦った柏は、前年との比較で総失点を61（34試合）から36（30試合）まで減らすのだった。

実は平塚在籍中に行われた1998年フランスワールドカップでは、自信を失いかけていた。平塚で力を発揮し切れず、ワールドカップも1分け2敗でグループリーグ敗退。次期開催国としては不甲斐ない成績に終わっていた。フランスから帰国すると、インタビュアーから「4年後はいよいよ日韓共催ですね」と水を向けられるが「それまで（サッカーを）やっているのかな…」と寂しげに語っている。ところが柏に在籍した2000年に「ワールドカップが再来年に迫ってきましたね」とマイクを差し出されると「待ち遠しいですね」と満面に笑みを湛えたのだ。

高橋は、ホン・ミョンボのことを、つくづくサッカーの神様に愛されたエリートだと思う。

「日韓ワールドカップ前年の2001年8月に疲労骨折が発覚しました。それから12月まで一切トレーニングが出来なかったんです。ちょうど韓国代表では若いソン・ジョング（宋鐘國）

が同じポジションでレギュラーに定着して来たので、本来ならワールドカップを諦めざるを得ない状況になりつつありました。でも柏を退団する2週間前に、ようやくジョギングの許可が下り、グラウンドを走ることが出来た。あれが良かったですね。その後浦項（ポハン＝Kリーグ）スティーラーズに復帰するのですが、今から振り返ればワールドカップ前年に半年も休めたのは奇跡でした。2002年からは代表合宿も全て参加出来て、33歳で迎えた本大会ではベストパフォーマンスを見せることが出来たんです」

柏レイソルには、1999年のホン・ミョンボに続き、2000年にファン・ソンホン（黄善洪）、2001年にはユ・サンチョル（柳想鐵）が加入し、3人の通訳として高橋は多忙を極めた。

「出来れば外国人は2人がいいですよ。例えば、海外旅行へ行くとします。1人だと少し不安ですよね。でも2人だとどこへ行こうか相談しながら続けられる。逆に3人になると、もう怖いものなしで周りが見えなくなる。だから3人の韓国人選手が揃うと、周りの日本人選手がどう見ているか気を配る必要がありました。特にソンホンとサンチョルは、建国大在学中には4年生と1年生の関係で、精神的にも結びつきが強かった。ソンホンはサンチョルの面倒も看ましたが、一方で先輩の言うことは絶対で、サンチョルは宴会の席でも注がれた酒は全部飲んでいましたね」

ファン・ソンホンは、1999年にセレッソ大阪在籍中にJリーグの得点王になり、柏に移籍して来た。だが実はC大阪時代の柏戦で肩を脱臼。それが癖になってしまっていた。

「練習試合で大学生に引っ張られて外れてしまったこともあり、いつも腕を引っ張られないようにベトベトにオイルを塗りたくって試合に出ていました。でも2000年後期の最終戦で鹿島アントラーズと0－0で引き分けて優勝を逃した試合が相当悔しかったんでしょうね。帰りのバスに乗り込むと、建登さん、と私のところへ寄って来て、とにかく一番早いタイミングで（肩を）手術して来年に備えたいから、と言いました」

4歳違いで先輩と後輩の関係にあるファン・ソンホンとユ・サンチョルを見ていて、あることに気づいた。ちょうど日韓ワールドカップに向けて、2人は揃って韓国代表に招集され欧州遠征に出ることも多かった。

「遠征から戻った時の回復力に明らかな違いがありました。サンチョルは平気でフル出場をしているのに、ソンホンは必ずパフォーマンスが落ちた。でもスタッフは2人とも出来ていると、あまり気に留めていなかったようです。2004年にも同じような光景に遭遇しました。横浜F・マリノスでサンチョルとアン・ジョンファン（安貞桓）の通訳をしていたのですが、この時ジョンファンが28歳で、サンチョルが日本式の学年で言うと4つ上でした。確かにグラウンドでしか見ていないコーチ陣は、2人ともやれていると判断するのでしょうが、30歳を過

5

KENT TAKAHASHI

ぎると回復力が急降下する。それはいつも傍にいるから気がついたことなんでしょうね」

日韓ワールドカップイヤーを控えた大晦日に、韓国代表のファン・ソンホンとユ・サンチョルには紅白歌合戦の出演依頼が来た。NHK側からは「建登さんもお願いします」と言われて、実は高橋も密かに楽しみにしていた。

「ところが2人とも、正月だからと断って韓国へ帰ってしまった。紅白なんて滅多にないチャンスじゃないですか。凄く残念でしたよ」

相次いで韓国の国民的なスター選手の通訳を務めて来た高橋だが、アン・ジョンファンの騒がれ方は「ワールドワイドで次元が違った」という。

「A3チャンピオンズカップ（日韓中のチャンピオンチームが争う大会）に横浜F・マリノスが参加するので、私がソウルに飛び、ジョンファンと合流して開催地の上海に向かいました。到着して上海の空港のコーヒーショップに入ったんですが、ウェイトレスたちがジョンファンを見つけて集まって来てしまった。アジアチャンピオンズリーグでインドネシアやタイへ行っても、やはりばれていましたね。

でも本人も慣れたものでした。大丈夫、電話をしている振りをして行っちゃうからと、いつも携帯を片手に歩き去ってしまいます。マリノス時代も、サインを求められれば足早に歩きながら書いて車に乗り込む。これなら失礼にはならないですからね。でもサンチョルは、サインをする時に足を止めてしまう。すると次がどんどん来てしまうんです。ジョンファンは、プライベートの時間をとても大切にするので、韓国でもなかなかつかまらない。母国ではアンゲ(霧)と呼ばれていたほどです」

アン・ジョンファンは、高橋が2013年に韓国語学校を開設すると、名誉校長に就任した。

「電話を入れたら、ちょうど別府へ行くから会おうということになり、そこで契約書にサインをしました。〝みんな、韓国語を勉強しよう〟と、自分で語りかける動画も送ってくれました。でも〝オープンの時には行かないとね〟とか、〝生徒が増えたら遊びに行くよ〟などと話しているんですが、実現はしていません。卒業証書には名誉校長のサインを入れる予定だったのですが、企画倒れに終わっていますね」

現在は高橋が再び横浜F・マリノスで通訳の仕事をするようになったので、学校は〝休講中〟なのだと苦笑した。

「通訳としてチームに入る、それは家族になるということです。チームメイトとは同じ時間に起きて、朝食を取り、トレーニングに参加する。それは一般的な会社での仕事上の付き合いより10倍密度が濃い。だから一生の友だちになれるんです。ベルマーレ平塚(現湘南)で一緒だった選手とは今でも連絡を取り合っています。そういう仲間と、勝って歓び負けて悔しい思いを共有する。そんな世界で生きられるというのは素晴らしい体験ですよ」

5

KENT TAKAHASHI

ディテールへのこだわり

　これまで高橋は、Jリーグの前期、後期、総合、さらにチャンピオンシップ、そして天皇杯と、国内の全てのタイトル奪取に関わって来た。

「実はアジアチャンピオンズリーグ（ACL）の優勝も半分だけ関わりました。2007年に浦和レッズが優勝した時に、準々決勝が全北現代（チョンボクヒュンダイ）、準決勝が城南一和（ソンナムイルファ）と、いずれも韓国のチームとの対戦になったので、4試合限定で契約をしました。ホームでは韓国側の記者会見の通訳をして、アウェイの時は浦和のチームに同行する。ホームはスーツで、アウェイの時はレッズのジャージーを着て行動しました」

　そう言って、さり気なく当時のスポーツ紙の記事を見せてくれた。

〝高橋建登氏が韓国チームをスカウティングで丸裸にして重要な助っ人として活躍した〟

　どちらもシビアな試合だったので、大きな充実感を得た。

「同じ通訳の仕事でも、ピッチ上と会見では全然状況が違いますよね。練習中は、監督が怒ったら一緒に怒鳴らなければいけない。とにかくスピードのある対応が必要になります。選手たちからは1度で理解出来なければ、〝これを聞いてください〟という要望もありますしね。それに比べて記者会見では、時間的な余裕もあり正確さが優先されます。当然練習の現場の方が圧倒的に疲れます。いつもチームの状況を知り、練習内容のどこが悪いのかなどを把握していなければならない。通訳が理解していなければ、選手に伝えられませんからね。進行は待ってくれません。逆に、インタビューなどでは、ほとんど苦労がありません。だって1年間も一緒にいれば、本人が話さなくても言いたいことは判りますよ」

実際に高橋にインタビューの通訳をしてもらったことがあるが、ほぼ同時通訳に近い。本人の言葉に被せるような感覚で訳が出て来る。それでも時間的な余裕がないと、伝えるのが難しい状況に直面するという。

「例えば〝駆け引き〟という言葉は、日本語だと一言で済みますが、具体的に説明しないと伝わりませんよね。相手の出方を見る神経戦なのか、間合いを詰めるべきなのか、あるいは逆に待つべきなのか…。時間のない時に間合いについての指示が出たら、距離を考えろ、で済ませてしまいます。サッカー用語や戦術的な言葉などは、サッカーマガジンに投稿している時にだいぶ蓄積しました。それでも時々選手に〝これなんて言うの？〟と聞くこともあります」

1990年代から21世紀初めまで、韓国からJリーグに参戦するのは国を象徴するクラスの選手ばかりだった。

「彼らは韓国代表としてのプライドを持ち、次に続く選手たちのことを考えて、プレーでも人間的にも一目置かれる存在になろうという意識が強かった。やはりそういう選手か、あるいは朴智星（パク・チソン＝京都パープルサンガから後にマンチェスター・ユナイテッドなどで活躍）のようにダイアモンドの原石が来て育っていって欲しいですよね。その後韓国からくる選手の数は増えていますが、本当に成功したと言える選手が何人いるのかな…と考えてしまうんです。１９９９年に得点王を獲ったファン・ソンホンと、２０００年のホン・ミョンボしかJリーグのベスト11に選ばれていない。これは寂しいですよ。

最近は韓国の選手たちが日本に来る意味合いも変わって来ました。Jリーグに来て試合にも出ていない選手がいるし、日本をステップにして欧州進出を目指す選手も多くて、自分のことで精一杯という印象を受けます。最初に韓国に興味を持った頃は、どうしてこの国はこんなにサッカーが強いの？と思って見ていたんです。でも最近は韓国代表の試合を見てもワクワクする選手が少なくなっている気がするんですよ」

韓国サッカー界には、日本より深く根差した強国としての文化も見て取れる。

「韓国では日本に先駆けてプロリーグが始まりましたが、当時サポーターはもちろん、そもそもスタンドに若いファンがいませんでした。焼酎片手のおっさんが怒鳴っているだけだったんです。今でもサポーターと言える人たちがついているのは、韓国代表以外にFCソウルと水原くらいですが、彼らの応援パターンなどは明らかに日本のマネです。一方で焼酎片手のおっさんは、怒り方が核心を突いている。そこでワントラップしたらチャンスが消える、そんな時に〝止めるなあ！　アー〟と失望の声を挙げるんです。ダイレクトではたけばビッグチャンスになる。だからダイレクトを狙ってミスをするのはいい。でも止めてしまうのは絶対に〝NO〟なんです。彼らは、サッカーとはなんぞや、という蘊蓄を持っていました。日本の場合は、そういう蘊蓄を持っているのが、野球ファンなのかもしれませんね」

２０１５年から再び横浜F・マリノスで働いている。同じピッチに立てば、時にはボールを蹴る。

「ちゃんと蹴れないと恥ずかしいんですよ。でも4〜5年ぶりに蹴ったら、こんなにボールが重かったかな、と」

通訳を担当しているのは、完成されたスター選手ではなく、慶熙（キョンヒ）大学を休学中のパク・ジョンス（朴正洙）だ。

「1か月半くらい経って、納豆を食べられるようになりました。今ではマリノスの食堂にパックで置いてあるので、キムチをのせて〝おいしいよ〟と食べています。何年か前に来日した時は全然ダメで、その時とは匂いが違うそうです」

最近は韓国のチームが来日すると、食卓には納豆を欠かせないそうだ。

「10年くらい前は考えられなかったですけどね。ACLで来日したクラブは、必ずマネージャーが〝納豆をお願いします〟と言って来ます。韓国代表も食べているし、ホン・ミョンボやユ・サンチョルなどは、子供も一緒に家族で食べていました。サンチョルは、来日当初は食べられなかったんですが、先輩のファン・ソンホンに〝こんなに体に良いものをなぜ食べないんだ〟と怒られて、それから味を覚え、自分の子供たちまで大好きになったそうです」

今回マリノスでは、パク・ジョンスに日本語を教えている。

「日本語と韓国語は文法がかなり似ていて、漢字の音読みが共通しているところがある。この2つだけで相当通用しますよ。だって〝有利〟とか〝無理〟とか、そのまま通じますからね。ハングルもまったく知らなければお手上げですが、システムを知ればすぐに読めるようになります。

でもそれだけに韓国の選手には、きちんとした日本語を教える必要があります。クラブからも、社会人としての教育も託されているんです。例えばスペイン人なら単語を並べるだけでも愛嬌で済む。しかし韓国人が中村俊輔に〝お疲れ～〟と言うわけにはいかない。しっかりと〝お疲れさまです〟でなければいけない。もちろんジョンスも敬語という概念は理解しています。だから最初から〝です、ます〟までしっかり話せるように教えています」

逆にホン・ミョンボやファン・ソンホンらスター選手たちの日本語の実力は、詳しく把握していない。

彼らが高橋と顔を合わせれば、韓国語でしかコミュニケーションをとらないからである。

6 山内 直

忠実に指揮官の怒りを伝えた無色透明な存在

CIAL
CIAL

ヘラヘラ笑うな

山内直は、ホルガー・オジェクの要望通りに通訳を務めた。

「ま〜あ、とにかく選手たちから嫌われました」

哄笑とは裏腹に、当時のうんざりとした諦観が透けて見えた。

ゴールキーパーの土田尚史には言われた。

「ホント、殴ってやろうかと思った。ドイツ語が判らなくても、見れば（オジェクが）怒っているのは判る。なのに、なんでもう1度（通訳から）判る言葉で怒られなきゃいけないんだよ！」

浦和レッズの新監督に就任したオジェクは、山内に命じていた。

「いいか、オレが話す通りの表情で伝えろ。オレが怒ったら怒る、笑ったら笑う。怒っているのにヘラヘラ笑うな。そうじゃなければ伝えたいことが伝わらない」

それを山内は、忠実に遂行した。オジェクの言葉を選手に伝える仲介役に徹して、無色透明な存在であり続けたのだ。

「自分の意見を一切言わない。でもそれは凄く辛いことなんですよ。人間、何かを知っていたら話したくなるものじゃないですか。だからなるべく選手とも話をしないようにしました。例えば僕が誰かに〝あのプレー良かったよね〟と声をかけたら、監督の言葉だと誤解されかねないですからね」

実は山内がドイツで通訳を始めた頃に、同じ哲学を伝えた人がいた。東ドイツにあるコニカのプラントのマネージャーだった。日本人のマネージャーは、現地の工場責任者と交渉に入る前に、はっきりと要望して来た。

「この交渉にあなたの意思は要らない。あなたには、私の表情、語気の強さ、態度まで、全てそのまま伝えて欲しい」

例えば、とマネージャーは実演して見せた。

クライアントとの交渉が決裂するシーンだ。勢いよく机をバン！　と叩くと「やってられない！」と叫んで部屋を出て行く。

「あなたもその通りやってください」

通訳とは対象者の口になることで、自分の心は要らない。山内は、そう解釈した。

もともと通訳を職業にしようと考えたことはなかった。憧れが芽生えたとすれば、まだ日本語しか話せない時に、ドイツの語学学校で測り知れない安堵感を得られた瞬間だった。

現状を思えば隔世の感があるが、故郷の新潟県新発田市内でサッカー部がある中学は、山内の出身校だけだった。しかも顧問はついていたが、経験者ではなかった。要するに上手くなりたいのに指導者がいない。それなら自分が指導者になろうと考えた。当時調べてみると、指導者のライセンス制度があるのは、ドイツと他に1か国しかなかった。

早速中学卒業時にドイツ行きを希望したが、さすがに父には時期尚早と反対された。しかしその父も高校を卒業した後は「自分のやりたいことをやりなさい」と快く送り出してくれた。満州で終戦を迎え命からがら日本に戻って来た父は、好きなことを満喫できる人生を送れなかった。そんな父が推奨したのが、団体スポーツだった。

「出来れば野球のように役割が固定されたものではなく、みんなが平等にプレー出来る競技がいい」

この言葉が引き金になり、山内はボールを蹴り始めた。

渡航を前に多くの人に相談したが、誰もまともには取り合ってくれなかった。JFA（日本サッカー協会）に電話を入れると「キミ、何を言っているの？」という反応だったという。唯一漫画家の望月三起也が「面白いね」と言ってくれたが、すぐに「でも無謀だよ」と付け足した。

結局英語もドイツ語も話せないまま山内は機上の人となる。だが小さな不安は、大きな高揚感が吹き飛ばしてしまった。

到着して暫くはザルツブルク（オーストリア）の大学で外国人向けドイツ語コースを受講し

ていたが、ゲーテ・インスティトゥート（国営のドイツ語学校）の受け入れが決まり、ミュンヘンから80㎞南にあるムルナウという村まで電車を乗り継ぎ移動した。ただしムルナウのゲーテ校に到着した途端に、一気に不安がこみ上げてきた。

「なぜここに来ることになったのか」

「これからどういう予定になっているのか」……。

疑問が山積みなのにコミュニケーションの手段がない。困り果てていると、なんと日本語の出来る職員が現れて全ての不安を解消してくれた。

「言葉って、こんなに人の役に立てるんだ」

深い安堵を、大きな感動が包み込んだ。

ゲーテ校では、必ず外国人と相部屋になった。最初がメキシコ人で、次はブラジル人、つまり互いにドイツ語しかコミュニケーションの手段がない状況に置かれたわけだ。

「十代だったこともあり、だいたい3か月間でおおよそ相手の言っていることを理解出来て、少しずつ言いたいことも言えるようになりました。小さな村なので、現地の人たちも外国人を見れば語学学校の生徒だと判るから、平気で話しかけてくれる。そんな環境も良かったんだと思います」

ゲーテ校に入学するとともに、ムルナウの隣村へヘンドルフの小さなクラブに入り、8部リーグでプレーを続けた。グラウンドもクラブハウスも、選手も含めたスタッフ総出で創り上げた。

「グラウンドには自分たちで草の種を蒔き刈り揃えました。家の解体があると聞きつければ、手伝いに行って屋根瓦をもらってきてクラブハウスに使うんです」

こうして言葉だけではなく、文化も身につけていった。

「チームメイトになれば、訳の判らない日本人にでもどんどん話しかけてくれるし、プレー中に判らないことがあれば教えてもらうことも出来る。ドイツの文化に馴染まない行動をすれば、いろんな人たちが忠告をしてくれました。雨降りの日に車の中で試合を見ていたことがありました。寒いからエンジンをかけていたんですが、当日乗せて送って来てあげた十歳代の子に注意をされました。排気ガスだからエンジン切りなよ、って。休みの日に、いかにも寝起きという感じで髪の毛がボサボサのままジャージーで散歩に出て行くと〝そんな恰好で出歩いちゃダメだ、髪はきちんととかしなさい〟と言われました」

留学生ビザで滞在中なので本来労働は禁じられていた。だから敢えて国外に出てオーストリアのインスブルックでアルバイトをしていた。

「オーストリアなら捕まって国外退去になってもドイツへ帰ればいい。日本のスキー関係者もたくさん訪れるレストランでした。笠谷幸生さん（1972年札幌五輪ジャンプ金メダリスト）

や富井澄博さん（アルペン滑降で五輪連続出場）なども来ていました」

指導者ライセンスコースを受講するには、まずレフェリーの免許を取り2年間の実績が必要だった。

「ドイツのレフェリーは大変なんですよ。一定レベル以下の試合ではアシスタントがつきません。オフサイドも含めて全部自分で走って判断しなければならない。一方で昇格降格がかかったプレーオフでアシスタントを務めたこともあるんですが、ボロクソ言ってきますからね」

そんな細い目をした日本人に見えるのか、と判定に不満な選手が、両目の端を釣り上げてみせた。

山内は順調にバイエルン州でB級の指導者ライセンスを受講することが出来た。ところがいざ試験を目前にして、ビザの更新を却下されてしまう。

「ビザの更新については、毎年交渉を重ねてきました。その度にクラブが、彼は指導者ライセンスを受講中でチームに不可欠の存在だ、と後押ししてくれていたんです。ドイツに来た1980年当時はビザの取得も難しくなかった。でもその後キリスト教民主党に政権が代わり一変してしまいました。結局ビザの更新が認められないどころか、僕は西ドイツ（当時）から追い出されることになったんです」

西ドイツに滞在できなくなった山内は、ゲーテ校での知人に仕事を紹介してもらい東ドイツへ移動する。前述の通りに、ライプツィヒ近郊にあるコニカのプラントで通訳をすることになるのだ。産業廃棄物の影響で空気は汚れ呼吸も出来ないほどで、当時の東ドイツの人たちでさえも「最悪の土地」と話していたという。

「煙突からは黄色い煙が流れていて、僕が住む建物の方に風が向くと、臭くてとても眠れなかった。1960年代に公害病が大問題になった川崎より酷い状況だったとも言われています」

約2年間でプラントが完成すると、再び西ドイツに戻り、日本人が経営する企業で貿易や展示会のブース作成に従事するが、時には危険な仕事にも直面した。

「通訳とは命がけでやるものだと思いましたね。炭鉱に2度ほど潜ったことがあります。出発前には酸素マスクなど救命器具の使用法を教わるのですが、結局使う時は死ぬ時だからな、と言われました。〝GOOD LUCK〟と送り出される言葉が重かったですね」

浦和へと出向、監督探しの旅へ

こうして東西ドイツでの長い苦難の時期を経て1990年に帰国すると、広告代理店「旭通信社（後に第一企画と合併してADK）」に就職する。

ここから山内は、ドイツ出発前に描いた未来図へと、徐々に近づいていくのだ。

6

SUNAO YAMACHI

「会社のクライアントが三菱自動車でした。僕がドイツへ行った動機をよく知っている方がいたんです。そんな縁もあり1993年に浦和レッズに出向になりました。Jリーグ開幕当初のレッズはアルゼンチンなどから助っ人を獲得していたのですが、ドイツ路線へと切り替えようとしていました」

広告代理店からの出向なので、最初は営業部でスポンサー担当やグッズの制作などに携わっていた。だが1994年シーズンの終盤に入るとクラブがドイツで新監督を探す方針を打ち出し、急遽佐藤英男強化担当と2人で現地へ飛んだ。

「候補に挙がっていたのはビンフリート・シェーファーと、代理人が紹介してきたヘルベルト・ノイマンでした。ノイマンの、代理人は全く問題なく日本に来られると言っていたんです。ところが直接本人に確認すると、まだフィテッセ（オランダ）との契約が残っていて破格の違約金が必要なことが判明しました。一方シェーファーは、カールスルーエの監督在任中。クラブの所在地では会えないので、マンハイムのレストランで話をしました。しかしカールスルーエの会長も（他のチームに）出せないと言っているとのことでした。それならあなたに近いサッカー観の持ち主を紹介して欲しいとお願いすると、2人の名前が挙がりました」

1人が後に浦和の監督を務めるフォルカー・フィンケで、もう1人がオジェクだった。フィンケは、フライブルクで旋風を巻き起こしていた頃で既に契約を更新しており、必然的に候補はオジェクに絞られる。

「オジェクとはフランクフルトで会って合意しました。新監督が決まるまでドイツには2か月間近く滞在しましたよ。絶対にクリスマスまではいたくないと言っていたのに、とうとう年を越してしまった。オジェクはフェネルバフチェを指揮して上位につけていましたが、トルコの人気チームなので優勝以外は評価されないそうで、年末で契約が打ち切られるところでした」

山内が通訳を務めることは、オジェクが提示した絶対条件だった。

「通訳は契約交渉をした当事者にやって欲しい。それ以外はダメだ」

山内は紆余曲折を経て、遂に中高生の頃の夢を叶えたと実感した。

「自分に問いかけてみました。オレは何になりたかったんだっけ？　サッカーの監督だよね。そして今、こうして監督の言葉を伝えている。だから夢は叶ったのかな…、自分では勝手にそう思いました」

オジェクは、よく練習中にプレーを止めて選手たちに問いかけた。

「なぜ、あそこにパスを出したんだ？」

「あの時、どうしてシュートを打ったんだ？」

詰問しているわけではなかった。しかし日本の選手たちは、どうしても誤りを指摘されたかのような印象を持つ。

「日本人は〝じゃあ、どうすれば良かったんですか〟と聞きたがります。でもオジェクは選手に質問をしたら黙って答えを待つだけで、決してこうするべきだとは言いませんでした。教えるのではなく、選手に考えさせていたんです。いつも理路整然と答えていたのが福永泰で、とても印象に残っています。〝もちろんフリーの味方がいるのは見えたけれど、パスコースを潰されていたから自分で打った…〟とか。しっかりとした返答があれば、オジェクは必ず映像で確認していました。そして後日、本人に伝えます。うん、確かにパスコースが消えていたね、良い選択だった、と返すんです」

山内は不思議に思う。

「トレーニング方法などは、ドイツと比べても浦和の指導者の方が遥かによく知っていて、教わる子供たちもきちんとやっている。ではどうしてワールドカップで勝てないんだ、という話になると、指導者たちは言うんです。日本の選手たちは、言われたことはやれているけれど考えてプレーをしない。でも今指導者になった人たちも、現役時代にしっかり考えて意思を伝えられてきたのかな、と考えてしまうんです。少なくとも福永のようなタイプなら、自分が経験してきたことだから、指導する立場に回ってもそれを伝え易いはずですよね。逆に指導者講習で、考えさせろ、と言われてそのまま子供たちに伝えても、それは難しいと思うんです」

対照的にドイツからの助っ人ウーベ・バインは、いつもピッチ上ではっきりと意思表示をしていた。

「よく福田正博や岡野雅行を捉まえて言っていました。〝オレはおまえを見ている。だからとにかく走れ、走り出したら絶対に止まるな。走ればオレは必ず（パスを）出せるから〟。オレには、これが出来る。だからこうしてくれ、という主張です。実際に試合になると、股間を通すなど考えられないところからもパスが出て来たし、またそのパスも受け手が物凄く処理し易い回転が施してあるんですよ」

過去2シーズンの前後期ともに2ケタ順位に低迷して来た浦和レッズが、オジェクが指揮をした1995年は年間4位と大躍進を遂げた。その原動力となったのが日本人初の得点王を獲得した福田で、山内も感慨深かった。

1993年にJリーグが開幕すると「恥骨結合炎」と呼ばれる股関節の痛みに苦しむ選手が激増した。浦和のチーム内でも、福田と菊原志郎がトレーニングにも参加できないほどの症状を訴えていた。

「それを見たウーベ（バイン）とギド（ブッフバルト）が、すぐにドイツで診てもらえ、と言うんです。早速福田と菊原を連れてミュンヘンに飛び、バイエルンのチームドクター、ミュラー・ボールファルト氏の診察を受けました。患部をグリグリされて酷く痛がっていましたが、スポーツヘルニアだからすぐに手術だという結論になり、結局現地で3か月間のリハビリを経て完治して帰国しました。後年には中山（雅史）も同じドクターに診察してもらっています。その福田が翌年得点王ですからね。日本では全然治らなかった2人の代表クラスを救うことが出来た。人の役に立てたかな、と凄く嬉しかったですよ」

1998年に旭通信社に戻った山内は関西支社への異動となり、今度はトップクライアントの1つ日本ハムが出資するセレッソ大阪の運営を手伝うことになる。クラブには、後に社長を務める藤井純一が事業本部長として着任して来て、模範となる業務提携先を求めて欧州のいくつかのクラブに打診をしていた。

「他のチームは押し並べて教えてやるという姿勢でしたが、バイエルンだけは〝見に来て参考になるものがあればどうぞ〟という返答でした。大社（啓二＝元日本ハム社長）さんも、ここなら信用できると判断したので、藤井事業本部長、大西（忠生）強化本部長と3人で1か月間に渡り、トップから育成の指導やトレーニング方法、運営、営業、広報、総務など、あらゆるセクションを研修して来ました。たぶん一番参考になったのが、地元に根付くということ、つまりファンとどのように接するかだったでしょうね。

それまでセレッソ大阪では、クラブとファンやサポーターとの距離が離れていたと思うんです。でも藤井さんは、帰国すると大阪の商店街に出かけてタバコ屋のおばちゃんにもチケットを買ってもらうようになった。また初めて大阪から長距離バスのツアーを企画し、自分も同乗してファンといろいろ話すようになりました。試合後は勝っても負けてもゲートに出て頭を下げ御礼を言います。もちろんドイツにはない習慣ですが、日本流の感謝の表現なんでしょうね」

バイエルンでは、名物ジェネラル・マネージャー（GM）のウリ・ヘーネスが、懇切丁寧な説明をしてくれた。実家がソーセージ店で、日本ハムとの交流もあり親近感を持ってくれたようだ。

特に声を震わせながら力説したのが、ホームスタジアムを1974年ワールドカップ決勝が行われたオリンピア・シュタディオンから、現在使用しているアリアンツ・アレーナに移転した経緯だった。

「オレたちは雨や雪の時でも屋根の下で試合を観ることが出来る。でも大勢のサポーターはずぶ濡れになりながら応援してくれているんだ（オリンピア・シュタディオンは陸上競技場で、ほとんど屋根がなかった）。選手たちは、試合を終えれば暖かいシャワーを浴びて帰る。しかし彼らは、濡れたまま電車に乗る。それを思う度に涙が出るよ。オレたちには彼らが必要なんだ。だから彼らのためにも、新しいスタジアムを作ってあげたかった」

敏腕GMのイメージが先立つヘーネスが実は人情家で、バイエルンは彼を中心にファミリーとして結束して来たのだった。山内が強調した。

「ゲルト・ミューラー（西ドイツ史上最高のストライカー）がワシントンでアルコール依存症

になり生命の危機に直面した時、飛行機に乗せてミュンヘンに連れて帰り、入院させて仕事に復帰させたのがヘーネスでした。バイエルンが委託していたバス会社が経営難に陥ると、ウチのロゴつきのバスを使え、と親身になって手を差し伸べる。クラブでは選手のユニフォームを自前で洗っているんですが、洗濯のおばちゃんが洗剤のコマーシャルに出たんですよ。この洗剤で洗ってね、と洗濯機に注ぐと、選手がボールを蹴ってフタを閉める。とにかく掃除のおばちゃんから警備のおじちゃんまで、クラブに関わっている人たちを物凄く大切にする。それはオジェクやブッフバルトも同じでしたね。1995年にはオジェクが自腹でお疲れさん会を開いたんです。強化部に頼んで、掃除のおばちゃんや芝の管理をしてくれている人、警備員など浦和レッズを支える全員に声を掛けました」

すっかり地域に馴染んだオジェクは、後年FIFA（国際サッカー連盟）の技術委員として来日すると、一人で電車を乗り継いで浦和の監督時代に行きつけだった居酒屋にやって来た。ブッフバルトも浦和では1人で焼肉店に入り「いつものやつ」と席に着いたそうだ。

6
SUNAO YAMACHI
工場チームと言えば……

2002年に日韓ワールドカップが開催されると、山内はリエゾン（仲介役）としてドイツ代表に帯同した。

「大会前に宮崎でキャンプをしたのですが、選手団一行はルフトハンザ航空の成田行きの定期便を宮崎空港経由にしてしまって、現地に入って来ました。さすがにドイツだけあって、入国も凄くスムーズでしたよ。持ち込む薬や機材の事前申請も全てしっかりと済ませていました。これを用意していなくて、入国に手こずるチームが続出したそうです。選手たちは手ぶらで降りるから手荷物チェックで止められることもないし、荷物はまとめて後続部隊が運ぶ手順になっていました。

国内移動はチャーター便を利用し、選手の家族や記者も一緒に乗せていきます。記者を後方に乗せ、最後に選手が乗り込んだら出発。結局決勝まで進出したわけですが、乗り遅れもほとんどなかった。さすがに決勝戦の翌日の帰国便には、横浜のホテルで寝坊をしたスタッフ2人が乗り遅れましたが、無事次の日の便に切り替えました。決勝では負けたわけですが、その夜はドイツからプロのバンドも呼び、ビールも大量に持ち込んで〝終わったあ〟と大騒ぎ。あれだけはしゃいだら翌朝起きられないのも無理はなかったですね」

伝統国ドイツ代表の内部に入り、面白かったのは選手とスタッフの温度差だった。

「初戦は札幌でサウジアラビアに8-0と大勝して良かったんですが、次に鹿島でアイルランドと引き分けると、一転してお通夜のような重苦しい雰囲気になりました。スタッフが〝大変だ、次勝たないとグループリーグ敗退だ。ドイツがこんなところで負けるわけにいかないぞ〟とオロオロし始める。３戦目は静岡でのカメルーン戦でした。途中でカルステン・ラメローが退場になると、10人で勝たなくちゃいけないぞと、さらに危機感が増した。でも気の毒な判定で退場になったラメローは、まったく落ち着いたものでした。逆に選手たちは勝てる自信が揺るがなかったんでしょうね」

　準決勝でイエローカードを受けたミヒャエル・バラックが、規約上決勝戦で出場停止になることが判ると、ＤＦＢ（ドイツサッカー連盟）はもちろん、ドイツサッカーを象徴する存在のフランツ・ベッケンバウアーまでもがＦＩＦＡに直談判するなど、あらゆる手を尽くして処分の取り消しを求めた。

「ベッケンバウアーは、イエローの判定が正当性を欠くという指摘をしたり、決勝戦はお互いベストメンバーで戦わせるべきだ、と主張をしてみたりしたようです。しかし処分は覆らなかった。前日ルディ・フェラー監督はバラックを呼び、残念ながらみんなで手を尽くしたけれど決勝ではプレー出来ない、と慰めていました。それにしても関係者が総力を挙げて交渉に出て行くところに、凄くチームの一体感を感じましたね」

　ドイツ代表に帯同してみて、全ての重要な決定事項は食事の席で決まることが判った。

「団長、会長、監督以下が必ず一緒に食事をとる。そこでいろいろと話し合いながら、その後のスケジュールなどが次々に決まっていくんです。だからここに同席出来るようになってから、格段に仕事もスムーズに運ぶようになりました。それまではチームに何か質問をしても、返答に2〜3日間はかかっていた。それが目の前で決まって行くと、こちらもすぐに動けるわけです。かつて日本ハムの大社社長に言われたことがあります。そういう席でも一緒に食べられるのが一流（の通訳）だよ、と。他の人に気を遣わせない行動を取れなければいけないということですね」

日韓ワールドカップを終えると、2003年夏には浦和レッズに転職した。そして翌2004年には、ギド・ブッフバルトを新監督として招聘する。

「電話を入れたら、ちょうど家族でスキーに出かけてリフトに乗っているところでした（笑）。ギドはS級ライセンスを取ったのに、なかなか母国では監督をするチャンスが巡って来なかったから、きっとやりたかったはずです。でも気にしていたのは、連絡をしてきたのが森（孝慈）GMではなく、犬飼基昭社長だったことです。自分がオファーを受けることでクラブに波風を立てるのは避けたかった。だから現職だったハンス・オフト監督のことも凄く気にしていました」

ブッフバルトとオジェクには共通点が多かった。

「どちらも大きくて顔が怖くて理論的に話す。でも違ったのは、選手との接し方でした。ギドはドイツ代表としてワールドカップで優勝（90年イタリア大会）も惨敗（94年米国大会準々決勝で敗退）も経験したプレイヤーなので、選手たちのプライドを尊重し丁寧に接します。浦和史上ナンバーワンのやんちゃ坊主エメルソンは、信じられないような嘘のつき方をするんです。隣でヘッドコーチのゲルト（エンゲルス）が、あり得ないと首を振っているのに、それでもギドは一応しっかりと聞く。例えば、遅刻した理由が〝道に電信柱が倒れていたから〟だと言うんですが、5分後に同じ道を通ったスタッフがいてバレバレでした。しかしギドは、そうだったんだ、大変だったね、と取り敢えず話を受け取るんです。その代わりチームに貢献出来ず、周りからも認められていなければ、キミに特権は与えられない、と毅然と告げます」

現役時代から付き合いのあるブッフバルト体制では、むしろ日本語からドイツ語への翻訳に苦労した。

「当時強化部スタッフの大槻（毅）が対戦相手の分析をして、僕がそれをドイツ語に訳してギドに伝えていました。でも日本語は主語を省く傾向が強いですよね。一方ドイツ語は主語に合わせて動詞も変化するから、主語が特定できないと訳せないわけです。例えばガンバ大阪の分析だとして、文脈だけでは主語がマグノ・アウベスなのか遠藤保仁なのか判らない。大槻はどうしても伝えたい気持ちが強いので、深夜に電話をしても一生懸命答えてくれましたが、暫くは本当に苦労しました。記者会見も同じです。おそらく僕は、今の質問は判らないのでもう1

度お願いします、と聞き返すことがとても多かったと思います。質問を正確に把握できないと監督にも伝えられませんからね。取材するメディアに対しても失礼になるので、そこは必死でした」

対象者の口になるには、なぜそういうことを言うのか、その背景を把握しておく必要がある。だから山内は、なるべく対象者と一緒に過ごす時間を確保しようと心掛けた。

「オジェクの時は、言っていることをそのまま伝えたかったので、最初から短いセンテンスで話すようにお願いしました。それに対してギドには、とにかく言いたいことを言わせてあげようと思った。そしたら長いんですよ（笑）。だからキーポイントになる言葉だけメモを取るようにしたんですが、後から見ると悲惨です。あっちこっちに矢印が飛び交い、もう自分にしか理解出来ませんよね」

ドイツ人には直接伝わっても、日本人には解説が要るケースもある。

「ドイツ人の間でサッカーの話になり、工場チームと言えば、それだけで何を意味するのか誰にでも判ります。製薬会社が保有するレヴァークーゼンのことなんです。でもそれを日本の記者に伝えるには、バイヤーという製薬会社があり…、というところから説明をしなければならない。日韓ワールドカップの時には、それを説明していたら隣に座るバラックから〝オレはそんなに長く話してないぞ〟と笑われました。

6

SUNAO YAMACHI

ドイツ人のジョークも面白さを伝えるのが難しい。だからもう選手たちとサインを決めました。こうしたら笑って、と。みんな、あれ？　笑った方がいいの、などと積極的に協力してくれました」

一方でストレートに伝え過ぎた失敗もある。

「1994年に大阪でガンバと対戦した後のオジェクの会見でした。2－1で勝っていた試合を追いつかれて引き分けた。もっと落ち着いてプレーをすれば…、という流れの中で、ウチの選手は馬鹿だから、と訳してしまったんです。〝愚か〟で良かったわけで、自分でも〝馬鹿〟と訳した記憶はなかったんですが、判っていてもつい使ってしまったんですね。スポンサーからは、オレたちは馬鹿に年俸を払っているのか、とクレームが来ました」

ささやかな歓びに大きな充足感を覚えて通訳を続けて来た。

「日本の最先端の機械を東ドイツに紹介する仕事がありました。若くなければ対応出来ないだろうと、十代の子をオペレーターに起用したんです。そんな彼らがテストランで日本人でも厳しい基準をクリアーした。それはもう最高の歓びでした。あるいは1995年国立競技場での横浜マリノス戦。コーナーキックからニア（キッカーから近いポスト際）でギドがすらして、ファー（遠いポスト際）で田口（禎則）が頭でゴール。本当に練習した通りの形が決まったんです。そしてたくさんの企業のトップにも会えました。それに…、ベッケンバウアーと一緒にゴルフを回れた。どうしてこんな所に木があるんだ！　とご立腹。皇帝（ベッケンバウアーのニックネーム）もこんな言葉を使うんだ、と素に接することが出来た。これも貴重な経験ですよね」

人一倍の責任感でプロらしい仕事に拘る。それだけに1つだけ大きな悔いがある。

「2008年2月2日、オジェクの新体制がスタートして、ミスターレッズの福田が初めてコーチとして顔合わせをする予定になっていました。ところが岡野良定元会長の葬儀が入り、翌日に延びたんです。そこで大原の練習場から帰宅するわけですが、途中で異常を感じ始めました。家の駐車場に車を止めたら、もう左手でバッグが持てない。玄関に入ったら顔の半分がダラ〜と垂れている。そのまま救急車で運ばれました。その年もタイトルを獲る予定だったのに、その門出に立ち会えなかった。それは今でも凄く心残りなんです」

現在山内は脳出血から復帰し、浦和レッズの総務で働いている。ひと先ず通訳からは離れているが、次の夢はしっかりと育まれている。

「ギドやオジェクを初めDFB（ドイツ連盟）にもたくさんの知り合いが出来て、僕のところにはいろんな情報が入って来るようになりました。だからそれを伝えて良い指導者を育てることに貢献していきたいですね」

サッカーの指導者になりたくて単身ドイツへ渡った。人を助ける歓びを知り、両国の多くの

6

SUNAO YAMACHI

人たちの橋渡しをして来た。そして山内は今も希望と意思に即して、しっかりと我が道を歩んでいる。

7 中山和也

ブラジルと日本に愛された明朗快活の極意

©川崎フロンターレ

命がけだったブラジル

友人宅で強盗団に銃を突きつけられた。本物の銃を見るのは、生まれて初めてだった。日本を発つ前から、ブラジルではこんなことも起こり得ると覚悟はしていた。もっともそんなリスクは、大きな憧れと比べれば、気にも留まらない些細なものだった。

ブラジル留学は、小学生の頃からずっと温めてきて、やっと実現した夢だったのだ。そのせいか修羅場に遭遇しても、妙に納得出来てしまう自分がいた。

「あ〜あ、オレ、これで死んじゃうのか…。でもしょうがないかな」

一緒に招かれた年下の友人たちは、身体を震わせて号泣している。しかし腹が据わった20歳の中山和也は、そんな光景に接しながらも「だったらオレがしっかりしなくちゃ」と冷静さを増し、自分に言い聞かせるのだ。

「殺気立っている犯人を、さらに興奮させてはいけない。ここは場を和ませるのが一番だ」

おまえ、日本人なのか、と話しかけられれば、陽気に犯人とハイタッチもしてみせた。

「取り敢えず静かにしていろ。無事金を運び出せれば、生命までは奪わない」

襲撃されたのは、銀行の金庫番宅だった。犯人グループは誘拐班と強盗班に分かれ、もし聞き出した暗証番号で金庫が開かなければ、人質を皆殺しにする予定だった。友人宅でくつろい

7

KAZUYA NAKAYAMA

でいた15人前後が全員ミニバンに乗せられ、何十時間も走った末にどこかの山の上で置き去りにされた。

犯人の気配が消えてからたっぷりと時間が経過し、誰かがドアを蹴破ろうと言い出した。だが一方では、それを引き止める声が出る。

「まだ（犯人が）いたら、どうするんだよ。捕まったら殺されるぞ！」

「もう、いねえよ！」

命がかかっている、被害者の仲間内での論争も、当然殺気立っていた。やっと意見がまとまり、みんなでドアを蹴破ると、気が遠くなるほど真っ暗な山道を下った。どこを彷徨っているのかもわからず、小さな灯を頼りに歩き続け、最後は警察に保護された。

「でも途中で記念撮影をしながら下りて来たので、僕は結構楽しかったんですよ」

それから約15年を経て、生命の危機に晒されても動揺のなかった中山は、それ以上にショッキングな事態に直面していた。

「ご家族の方だけお入りください」

医師にそう告げられれば、何を伝えられるかは薄々気づいていたが、それでも事実を突きつけられると頭が真っ白になった。

中山は、川崎フロンターレの通訳として、在籍するディフェンダー、ジェシの代わりに、夫人の病状説明を受けていた。この仕事を始めた時に医療辞書を購入し、病院に付き添う時には必ず持参していた。しかしあまりの重篤さに、辞書を開く気にもならなかった。

それまでジェシ夫人は、健康そのものだった。ところが青天の霹靂のように、生命を脅かす病巣が発覚したと告げられるのだ。そのままジェシに伝えたら、パニックになるのは目に見えていた。医師の説明には日本語でも知らない専門用語がたくさん出て来たが、とにかく自分がしっかり理解しなければジェシには伝えられない。どの部位がどんな状態になっているか噛み砕いた説明を引き出し、ジェシを落ち着かせてから丁寧に伝達していった。

明らかにジェシは打ちのめされていた。しかし「おまえが落ち込んだら、奥さんのショックは倍加するから」と、今度は極力夫人のショックを和らげるためにどんな伝え方をするのか、繊細な打ち合わせに入った。

「ジェシ自身は、もし日本で治療が可能なら、そのまま川崎でプレーを続けることを望みました。でも医師は、簡単に治る病気ではないし、治療が長引けば付き添う必要も出て来るからと、帰国を勧めました。もうジェシとの別れが寂しいとか以前に、奥さんの容態が心配で仕方がなかったですね」

肝の座った人情家は、ブラジル好きらしく、底抜けに陽気な一面も備えている。ジェシがスタジアムでファンに別れの挨拶をしようとマイクを持つと、勝手に取り上げて応援歌を歌い始

7
KAZUYA NAKAYAMA

めてしまう。案の定、大受けだった。

「ジェシとは、いつもふざけあっていたから…」

自身の足跡も、一見冗談のようで、本人は至って真面目だ。人気アニメの「キャプテン翼」に憧れてボールを蹴り始め、「翼くんを指導したロベルト本郷さんが、ブラジル生まれの日系人だったから」という理由で、絶対にブラジルへ行かなきゃと固く誓うのだ。

中学卒業前の進路相談では、早速ブラジルへの留学希望を口にした。しかし「親からは、せめて高校くらいは出てくれ」と懇願され断念。高校を卒業した後は、サッカーの専門学校へ通い始めるが「やはり中途半端な感じ」が否めず、そこで再度親にブラジル行きを願い出ると、今度は「そこまで言うなら行って来い」と快く背中を押してくれた。

小学生までは東京で育った。まだ幼い頃に、自宅の真向いのアパートにブラジル人が住んでいて、アスファルトの道路で一緒にボールを蹴った記憶がある。日本人の奥さんが言っていた。

「ブラジルでは、こうして道路でもサッカーをするのよ」

練習ではなく、遊びの中からボールと親しんでいく。ブラジル志向の中山は、語学の修得にも同じ方法を選んだ。サンパウロの田舎街に着いても、辞書はスーツケースの中に留まっていた。辞書も文法もすっ飛ばして、最初から実戦主義で勝負に出るのだった。

「だって中学、高校と英語を習っても、発音が悪いとか言われるわけじゃないですか。それなら現地の人が喋るのを耳に入れて、その通りに発音した方がしっかり身につくと思ったんです。もともと机の上の勉強は好きじゃなかったですからね」

小さい頃は人見知りが激しかったと親には伝え聞いた。しかし少なくとも物心をついてから自分のスタンスは一貫している。頭に浮かんだことは、躊躇なく行動に移す。活発な行動派だと自覚している。

「とにかく言葉が判らないのだから、ブラジル人の輪の中に入らなければ覚えられないと思ったんです」

中山式実戦主義は、すぐに効果を見せ始める。机の上で本を開く代わりに、外に出て積極果敢に現地の人たちの言葉の洪水の中に身を置いた。

「僕と正反対の留学生もいました。彼は机上の勉強には熱心ですが、現地ではなかなか溶け込めませんでした。まるっきり言葉が判らない僕は、最初は彼に訳してもらっていたんです。でも2〜3か月間が経ち、自分が言葉を覚え始めたら、彼が意外と喋れていないことに気づきました」

ポルトガル語も話す北朝鮮代表のチョン・テセには「ゴンさん（中山の愛称）のポルトガル語は、凄くネイティブですよね」と言われた。

初対面のブラジル人と話すと必ず聞かれる。

7

KAZUYA NAKAYAMA

「あれ？　あなた日本人？　それともブラジル人？　…」

ネイティブな発音だという自負があるのか尋ねると、ごく控えめな表現で返って来た。

「まあ、ブラジルに移住して来た日系の人たちに比べると、僕の方がポルトガル語っぽいかな、と思うことはあります」

ブラジルへの留学生活は、1度ビザの書き換えのために日本に戻り、通算約1年2か月間で幕を閉じた。帰国当時の語学力は「自分では喋れているつもりでも、たぶん相手が一生懸命理解しようとしてくれていた」と、それが上達した未来から振り返る自己採点である。

「買い物が出来たり、仲良くなった友だちとの会話を楽しんだりする程度。とても通訳の仕事を目指せるようなレベルではなかった」

その後はジーコの兄エドゥーが創設した「CFE＝エドゥー・サッカー・センター」に籍を置き、ポルトガル語でのミーティングなどに参加しているうちに、特にサッカー用語を中心に磨きがかかった。

ただしそれから暫くの間、中山とポルトガル語の縁は完全に切れてしまう。因みに、まだこの時点で中山の立場はプレーヤーだった。地域リーグの静岡FCのゴールキーパーでJFLへの昇格を目指したが、最後の決定戦で敗れて夢が砕ける。その瞬間に「好きなことだけを続けていいのは22歳まで」という親の言葉が蘇り、引退を決断した。

小学生時代から、ブラジルへ留学してプロになることだけを目指して突っ走って来た。現役を終え「さて、どうしようかな…」と途方に暮れた中山は、取り敢えず中学生時代に家族で引っ越した第二の故郷岩手に戻り、飲食店でのアルバイト生活に入る。やがて地元の高校でのGKコーチの話が舞い込み、指導者もいいかな、と思い始めているところに、今度は知人の伝手で神奈川県の麻布大附属淵野辺高校から声がかかった。

「みんなで和気藹々と楽しく厳しくやっているチームでしたね」

このチームから2人の日本代表選手が巣立っていった。後に再び川崎フロンターレのチーム・・・メイトになる小林悠と、現在フィテッセ（オランダ）でプレーをしている太田宏介だった。

「どちらかと言えば、純粋な左利きで希少価値のある宏介の方がプロに近い印象でした。悠の方は、凄く面白いプレーをしていたんですが、当時は身体も小さくて細かったので、大学へ行ってから花が咲くかな、と思っていました」

中山が川崎の通訳を務めるようになり、クラブが小林悠に練習参加の要請をする際には「もう1度同じチームでやりたいな」と連絡を入れている。小林にはJクラブからのオファーが相次いでいた。キャンプでは毎晩小林の相談に耳を貸した。

「（川崎入団は）良い選択をしたと思いますよ。日本代表にも選ばれたわけですからね」

7

HAZUYA NAKAYAMA

激務の横浜FC

アルバイトをしながら指導者を続ける中山に、転機は突然舞い込んで来た。エドゥーが主催する「CFE」時代の同僚から横浜FCの通訳の仕事を紹介されるのである。

「もう4~5年間はポルトガル語を話していなかったので、本当に忘れてしまっていました。紹介してくれた人は、既に別のクラブで通訳をしていたんですが、実力は僕の数段上。でもいつかチャンスがあれば、どんな形でもいいからJクラブで働いてみたいと思っていたんです。こんなチャンスは滅多に巡ってくるものでもないし、入ってしまえば何とかなるだろうと飛び込みました。何より僕の中でカズ（三浦知良）さんは、キャプテン翼と並ぶ絶対的な存在でしたから」

こうして中山の決断には躊躇がない。チャンスが来たら、不安を抱く前に「入ってしまえばなんとかなる」と突っ込んでいく。

「横浜FCではマネージャーも兼務だったので、早朝から夜遅くまで激務が続き、1日に2~3時間しか睡眠が取れない状況が続きました。見るに見かねたブラジル人選手が、オレのところに来いよ、と誘ってくれたんです」

横浜FCは、当時ブラジル人選手を2人保有し、彼らにマンションを1室ずつ提供していた。

この2人が共同生活を始め、空いた1室に中山が入った。

「僕も自分の部屋に戻るのは寝る時だけなので、ずっと3人で同じ部屋にいて話していました。そんな生活が半年くらい続き、日本にいながらプチ留学をしていたようなものでした。」

これで言葉のリハビリは完了し、通訳としてやって行ける手応えも得た。一方ではカズのサポートも見逃せなかった。

「憧れの存在の前で失敗は出来ない。そのプレッシャーがなければ、あんなに頑張れなかったかもしれません。ミーティング等でも、いつもカズさんが傍にいる。カズさん、ブラジル人、そして僕みたいな並びで…。カズさんは、プロとして僕の立場を尊重してくれていたみたいで、単語が出て来ない時などに、僕が聞けば〝こうじゃない？〟とは教えてくれましたけど、自分から〝そこはそうじゃないだろう〟という口出しはありませんでした。とにかくカズさんには、僕に限らず裏方にも本当に気を遣って頂きました」

横浜FCでは3年間を過ごし、クラブ史上初のJ1昇格も、翌年のJ2降格も味わった。実は4年目も契約更新を告げられていた。ところが急遽方針が変わり、ブラジル路線が途絶えてしまう。さすがに横浜側も「でも通訳を続けたいんだろう？　だったら川崎が探しているから連絡を取ってみたら」と気遣ってくれた。

「ありがとうございます。では失礼します」

話し合いを終え踵を返すと、速攻で川崎フロンターレとコンタクトを取っていた。

「こういうことはタイミングが全てですからね。実は川崎の件は以前に聞いていて、横浜FCの人からは〝誰か紹介できる人いない？〟と相談を受けていたんです。その時は、いや僕が行きたいくらいですよ、と冗談を言っていたんですけどね」

川崎には既にゴールキーパーコーチと合わせて4人のブラジル人が在籍していたので、目が回るような忙しさだった。ジュニーニョは「日本語も判るし、何でも自分でやってしまうタイプ」だから全く手がかからなかった。しかし対照的にヴィトール・ジュニオールとレナチーニョは典型的なやんちゃ坊主で、約束の時間にも繰り返し遅れた。「若くしてビッグクラブでプレーしていたこともあり、少々鼻が高くなっているところもあって大変でした」と笑う。事ある度に「ブラジルでは…」と口を尖らせる彼らに「ここは日本だから！」と語気を荒げたことも少なくない。

「交代の理由を聞かれれば、基本的には監督に尋ねますが、毎回必ず聞くわけではありません。一方で監督の話したことも、ストレートに訳すのが基本ですが、あまりに直訳し過ぎると落ち込む性格だと思えば、そこは多少オブラートに包むこともあります」

通訳は、結果責任を問われる職業である。例えば、監督の指示を選手にしっかり伝えたつもりでも、本人が理解出来ていなければ「ホントに伝えたの？」となる。いくら懇切丁寧に説明しても、当の本人が集中を欠き上の空なら、通訳が仕事ぶりを疑われる可能性もあるのだ。

「特に攻撃的な選手たちは、今まで感覚だけでやれて来てしまったタイプが多い。日本に来て初めて戦術的な指示を受けたと思える選手もいます。日本人でも話を聞かない選手はいるんですよ。でも日本人同士は直接伝わるから、責任の所在がはっきりしますよね。一方ブラジル人選手の場合は、グループ分け練習などがあると、すぐに判るんです。だいたい僕は監督のいるグループについていくんですが、遠くから眺めていると全然違うことをやっている。やっぱり、アイツ、聞いていなかったな、って」

しっかりと集中して話を聞くかどうかは、国籍より、むしろポジション（性格）で傾向が分かれる。中山は、そう見ている。

「概してディフェンダーは、一生懸命に話を聞いていますからね」

新しい選手がキャンプに入る時は、ピッチ上や生活の中で使用頻度が高く、覚えて欲しい単語をプリントして渡すようにしている。

「みんないくつかは覚えて、実際に日本人の中で喋ってみて笑いを取る。でもだいたいそこで終わってしまいますね。通訳がいるからいいや、と。僕も通訳を始めた頃は、やれることは全てやってあげていたんです。ブラジルでは本当にたくさんの人にお世話になりました。だから間接的な恩返しのつもりでした。でも最近は過保護はよくないと考えるようになったんです。

7

KAZUYA NAKAYAMA

自分の留学時代を思い浮かべたんですよ。何から何まで自分でやらなくてはいけない。でもそれが海外生活の楽しさじゃないですか。もちろんプロサッカー選手なので、病院などには付き添います。しかし買い物なら最初だけ付き合って、あとは任せてしまっています。家族で行く方がリフレッシュできますしね。それにウチの日本人選手は、人間的にも友好的なタイプが多いので、不自由していれば誰かが手助けしてくれます。こうして僕が介入するより、直接選手同士でコミュニケーションを取った方が、ブラジル人選手たちが日本語を覚えるスピードも速くなるはずですから」

今まで接した選手の中で、日本語が別格に上達したのがパウリーニョだった。

「日本人より日本人らしかったですからね。栃木SCに在籍した時は、自腹で公文式に通い勉強していたほどで、今でもメールは日本語で打ってきます。引っ越して行く時には、律儀に自分で小物を配りながら挨拶回りをしたそうで、僕はそれを後から近所の人たちに聞いて知りました」

川崎では風間八宏監督が、独特の表現で饒舌に語る。きっとこれを伝えるのは至難の業だと想像していた。だが中山からは意外な返答があり、腑に落ちた。

「通訳の仕事とは、言葉そのものより、その人が考えていることを伝えることだと思うんです。つまりこの人の考え方はこうなんだ、というところに落とし込めればいい。そう考えれば、風間監督の目指す本質的な部分は、それほど難解ではない。確かに最初の頃は、ああ、そういう表現をするんだ、と驚く部分もありました。でもボールを失わずに攻め込むわけだから、逆にブラジル人には判り易いかもしれないんですよ。だから僕は本質をベースに、普段監督が話していることに肉付けをして、判り易く伝わるように心がけています」

ただしさすがにレナトでも、マークを剥がす、ボールを受けに行く、動き出す…など、それぞれのタイミングの取り方を体現するには苦労した。

「そこは監督が直接言いますが〝イマ！〟と、繰り返し指摘していくしかない。レナトが一番よく覚えた日本語だと思います」

そのレナトも突然移籍が決まり、慌ただしく中国へ飛んだ。通訳として最も長い3年半に及ぶ付き合いには、唐突にピリオドが打たれた。

「移籍のオファーがあって、翌朝には返事をしなければならないタイミングでした。移籍が決まったのはチームの移動日だったので、僕はレナトの挨拶をみんなに訳すと〝また連絡するから〟と別れました。結局レナトは川崎が試合をしている日に日本を発ちました。むしろ大変だったのは事後処理です。娘さんの幼稚園の手続きなどを始め、本当にバタバタでした。でも奥さんは、人目も憚ることなく大声で泣きながら、感謝をしている気持ちを伝えてくれました」

通訳と選手、そしてその家族…、この絆は、ただの仕事の繋がりだけでは語り尽くせない。

7
KAZUYA NAKAYAMA

ジュニーニョが鹿島へ移籍する時には「個人通訳として契約してくれないか」と頼まれた。

「さすがに少しは心が動きました。川崎との契約更新を、ちょっと待ってくれないか、と言ってくれたので…」

中山が川崎にやって来た時、既にジュニーニョはチームの王様だった。

「ブラジル人選手の在籍が一人だけの時期もあり、もちろん一緒に食事をすることも多かったですが、そんなに手厚く世話をした実感はありません。時々電話がかかってくる程度でした。だからそんなに信頼してくれていたのか、と逆にびっくりしました」

結局ジュニーニョとの個人契約は実現しなかったが、ブラジルの自宅に招待されて、2週間ほど楽しんで来たそうである。

通訳の仕事は1年間ごとの更新なので、見方によってはリスクと背中合わせだ。2年前には子供も生まれ、責任も増している。

「でも不安はないんです。ただし将来の自分がどうなっているのかな、というクエッションマークはあります」

今は漠とした夢が広がっている。

「指導者になる夢もゼロではない。一方で僕もいろんな国のいろんな人たちと接して来て、1つの言葉だけの人たちよりはコミュニケーション能力も高まっていると思うんですよ。だからサッカーの指導の中に、コミュニケーションを落とし込む方法はないかな、などと考えています。僕のように、選手は断念したけれど、サッカーの仕事をしたい人たちはたくさんいる。そういう人たちに、こんな仕事もあるよ、と選択肢を与えられればいいかな、と。今の役割や立場を広げながら、周りに良い影響を見せられるものがないか探していきたいとも考えています」

念願のブラジル留学を分岐点として人生の方向性が定まった。不安定な身分は、自由や可能性に置き換えて、人生をポジティブに楽しんでいる。きっとそんな空気を発散しているから、中山はブラジル、日本を問わず愛されるのだと思う。

7
KAZUYA NAKAYAMA

DREAM
KIRIN
チケットJFA
adidas
JFA

8 小森隆広

マルチリンガル、流れ流れてフットサル界の中枢へ

英国で過ごした少年時代

２０１２年、フットサル日本代表は目覚ましい躍進を遂げ、競技そのものの認知度を著しく高めた。もちろん三浦知良を抜擢した話題性も見逃せないが、スペイン人のミゲル・ロドリゴ監督率いる日本代表が６年ぶりにアジアを制し、ワールドカップでも初めてグループリーグ突破を果たしたのだ。

東急スポーツシステム（ＴＳＳ）に在籍した２００４年からスペイン協会とのパイプを築いてきた小森隆弘は、ロドリゴの招聘から関わりチーム結成とともに通訳として新監督に寄り添って来た。やがてそこにコーチの肩書きが加わり、さらにはフットサルのＵ－18日本代表監督の役割も重ねられた。

多才な人である。

通訳なのか、指導者なのか、と二者択一の人生は考えていない。

「会社に入って学んだこと、例えばビジネスの世界でのマネージメントなどは、間違いなくフットサル日本代表での仕事に影響しています。だからどういう形になるかは判らないけれど、今までやって来た様々なことをポジティブに消化していきたいんです」

小森の多彩に変遷した44年間に渡る痛快な半生の傍らには、常にサッカーがあり、きっとそれはこれからも変わらない。だがもしかすると、それは父の本意ではなかったのかもしれない。

「とにかく父は、僕がサッカーをやっている姿は1度も見に来たことがありません。ウチは文科系の家族だと思い込んでいたようで、僕にも文科系の魔法を吹きかけようとしてきたんですが、結局効力を発揮しなかった。それは許し難いことだったんでしょうね。特にブラジルに渡ってプロになろうとした時は大反対で〝勝手にしろ！〟と突き放されました」

もっとも振り返れば、そんなサッカー人生の発端は、他ならぬ父のロンドン赴任にある。

小森は、まだ4歳半だった。しかし既に世界一周規模の大冒険の始まりを告げるホイッスルは、きっと鳴らされていた。

「現地の幼稚園に入りました。本来明るく気後れなくやれるタイプなんですけど、さすがに最初の1年間だけは真っ暗でした。英語はまったく判らず、怖いものでしかなかった。ずっと黙っていましたね」

それでも「1年くらい経つと、まるで雪が解けるような勢いで英語を喋り出した」と、両親からは伝え聞いている。

ロンドン時代には、ストリートで石でも缶でもゴミの塊でも蹴って遊んだ。競技歴と呼べるかどうかはともかく、それがサッカー発祥国での日常だった。

英国滞在は約4年間。帰国してから小学5年生の頃に家の大掃除をすると、数年前に自分で書いた英語の日記が見つかった。だがもはやそれを読むことは出来ても、意味はまったく判らなかった。発音だけは染みついていた。しかし英語を理解して身につけていくのは、中学に入学してからだった。

「音楽や映画が好きだったので、好きな曲は歌詞も覚えて歌えるようにするという拘りがあったし、同じように映画の台詞も覚えるようにしていきました。だから実用レベルでの英語は完全な独学です。大人になってからは、英語は最後の食い扶持だと思って、通訳、翻訳、予備校の先生などのアルバイトをして力を保つようにしていました」

サッカーは、英語よりずっと出遅れていた。なにしろ帰国して通った横浜の小学校は、校庭でボールを蹴るのが禁止だったのだ。

「家の近くには駒林フットボールクラブという岡野雅行選手（元日本代表）などを輩出している強いチームがあったんですが、学区の関係で行けなかったんです。休み時間も、隣の駒林小学校はサッカーなのに、こちらはドッジボール、やったことがないから両手投げですよ（笑）。本当にプライドが傷つく体験でした」

どうしてもサッカーをしたい小森少年は、5年時に「柄でもないのに学級委員になり」ロビー活動を展開。他のクラスの委員に働きかけ、生徒からの強い要望という形で1年限定のサッカークラブを創設する。

「張り切って港北区大会に出ました。当時の僕はそれほど身体は大きくないけれど、筋力的には早熟だったんでしょうね。インステップのキック力にだけは自信がありました。ピッチは狭いし、試合球もゴム毬みたいで、お年玉を貯めて買ったスパイクを初めて履いて出たこともあり、蹴るとメチャメチャ飛ぶんです。なんとゴールキックがキーパーの手に当たってそのままゴール。この1点で1試合は引き分けることが出来て、ちょっとした話題になったみたいです。中学に進んだら、あの時のアイツだ、って言われましたから」

小学生時代は1年間しかプレーが出来なかったが、中学校では念願のサッカー部に入り、初めて優秀な指導者がついた。ただし優秀だと感じたのは「プレーヤーとして」だった。

「大学時代に活躍し日本リーグでやれるレベルだったという先生でしたが、フィジカルとメンタル、そしてインステップキックを身に付けたという記憶しかありません。何周とか何分間とかの指示もなく、ひたすら走らされるということもよくありました。拷問は言い過ぎかもしれないけれど、そんな気持ちでした。よく覚えているのは、1人耐えられなくなった同級生が、走らされている途中で嫌になって浅いドブ川に身を投げたことですね」

結局二十五名ほど在籍していた部員のうち、卒業して高校でもサッカーを続けたのは2〜3人だった。

対照的に高校での部活はキャプテンを中心に練習を組み立てていくスタイルで、桐蔭や東海大一（現翔洋）と対戦し次元の違うプレーを目の当たりにした。

「ウチのセンターバックもチームでは一番へディングが強くて、神奈川県内の試合では結構対戦相手のフォワードを抑えていたんです。ところが東海大一との試合では、ハイボールを競ろうとしたら、競り負けるどころか、相手の田坂和昭（元日本代表＝前清水エスパルス監督）には胸でトラップされてしまったんです…」

上には上がいると痛感した小森は、将来は指導者になることを視野に入れ、早稲田大学教育学部に進学する。この時点では半分文科系に傾きかけたのかもしれなかった。

「体育専攻のイメージは沸かず、努力は自分の向いている学業に傾けたかった。英語の先生になって、サッカー部の顧問を務めるイメージでした」

ところが教育実習という現場の疑似体験を通して、自分のイメージする教師と、部活顧問としての指導者の両立は不可能だと悟る。逆に手応えを感じ始めたのが、プレイヤーとしての可能性の方だった。

大学時代の小森は、サークル活動と並行して、複数の社会人チームを掛け持ちするなど時間の許す限りプレーを満喫していた。そしてある時、小学生時代から憧れの的だった水島武蔵が故障からの復帰を賭けてハードなトレーニングに励んでいるという話を耳にする。水島は小学生でブラジルに渡り、サンパウロＦＣとのプロ契約に成功。その後帰国して、当時は全日空（後の横浜フリューゲルス）に在籍していた。トレーニングは、フリューゲルスで助っ人として活躍するブラジル人のバウベルなどが参加していたこともあり、ハイレベルで行われた。そこで少なくとも守備に関しては「やれる！」と感じた小森は「もっとプレーを突き詰めておこう」と、現役続行へと舵を切り直すのだ。

そうと決めたら、片っ端からセレクションを受けまくった。ちょうどJリーグ開幕前夜、各クラブは専門誌にセレクション情報を出しており、誰でも参加が可能だった。しかしセレクションでは、苦い思い出ばかりが積み重なった。

例えば、甲府クラブ（現ヴァンフォーレ甲府）のセレクションは、積雪の翌朝、山梨県小瀬スポーツ公園陸上競技場で行われた。

「堆く積み上げられた雪の壁の前で1分間のリフティングでした。もともとリフティングは苦手だったんですが、セレクションには必須なので物凄く練習したんです。自信もついて余裕だと思っていました。ところがあと数秒で合格という時にに突風が吹いてきて雪が崩れ落ち、近くのみんなと一緒にボールを吹き飛ばされて失格。同じ日には自信満々の米国人も参加して、NHKからインタビューもされていたんですが、短距離走で号砲が鳴ると同時に大声で〝Shit！（クソッ）〟と叫んで終わりです。スタート直後に足を滑らせたんです」

5000円も参加費を払って、短距離走やリフティングだけで、プレーも見てもらえずに帰される。そんなセレクションだらけだった。

「鳥栖フューチャーズにはウーゴ・マラドーナ（名手ディエゴ・マラドーナの弟）が在籍していたので、マラドーナ狂の僕は張り切ってセレクションに出かけました。スプリント、反復横跳び、１５００メートル走などのフィジカルテストは、しっかりと準備をして来たので合格。残った選手が２つのグループに分かれて、センタリング→シュートをすることになりました。でもクロスを１本上げたところで、判定はアウト！　結局得意の対人プレーは、一切見てもらえませんでした」

日本でのセレクションは不完全燃焼続きだった。セレクションがなくても、飛び込みで練習に参加させてもらおうと、勝手に横浜フリューゲルスのグラウンドに押しかけたこともある。まだインターネットの普及もなく、クラブの練習スケジュールをホームページで確認出来るような時代ではなかった。

ところが勇んでグラウンドにクルマを横づけした小森に、警備員が怪訝そうな顔で伝えた。

「あれ？　今チームは、オーストラリアに遠征中で留守だよ」

どうしてもプレーヤーとしての道を切り拓きたい。そんな想いを振りまく小森に方向転換のきっかけを示したのが、ブラジルを初め南米３ヶ国でのプレー経験を持つ屋良充紀だった。

「そんなにサッカーをやりたいなら、ブラジルにでも行っちゃえばいいじゃない。少なくともプレーは見てくれるから。そうすれば割り切れるんじゃないの？」

屋良は、そう言って日系人の清丸清が初めて作ったプロクラブで、サンパウロ州リーグ2部の「コメルシアウ」への橋渡しをしてくれた。早速現地へ飛びテストを受けると、監督が気に入ってくれて「書類も含めて面倒をみてやる」と話がまとまる。書類の面倒というのは、観光ビザで来ている小森に、就労ビザを用意することを意味していた。

「監督はダダ・マラヴィーリャ。かつての超大物選手で、1試合17ゴールの記録を持ち、ブラジル代表が3度目の優勝を飾った1970年メキシコワールドカップでは、ペレの控えでした。大統領が直々に代表入りを厳命したところ、それを拒んだサルダーニャ監督が更迭され、代わって就任したマリオ・ザガロに招集されたという逸話の持ち主です。ニックネームはハチドリ。花にキスをすることで知られますが、それほど長い間空中に止まりへディングをするということでした」

そのダダが「就労ビザならオレの顔で大丈夫だ」と豪語する。実際申請手続きにも同行してくれたのだが、それでも取得は叶わなかった。当時ブラジルの失業率は、どん底に沈んでいたのだ。

ただし収穫がなかったわけではない。ブラジルへ渡って、わずか3か月半でポルトガル語の日常会話をマスターしていた。

「日本で屋良さんや（水島）武蔵さんがポルトガル語で話しているのを聞いているうちに、なんとなく単語の輪郭が英語に似ていることが判ったんです。これなら英語から覚えた方が早いと思って、ブラジルへ行く時も英語－ポルトガル語のポケット辞書を1冊持って行きました。発音を覚えた単語を、練習が終わるとチームメイトに確認し辞書を引く。我ながら性格にも恵まれていたと思います。とにかくホームシックにかかったり憂鬱になったりすることは一瞬もなく、言葉も判らないのに選手間の馬鹿話にも平気で付き合っていました。結局必要に勝る習得の道はない。単語から磨いて、観光ビザが切れる半年後に帰国する時には、飛行機で隣りのブラジル人とずっと話していました」

ブラジルに再挑戦

実は帰国した時から、小森は再チャレンジを誓っていた。ただしそのためには資金が要る。そこで選んだのが、アルバイトではなく就職だった。正社員にならなければ、まとまった金は稼げないと考えたのだ。正社員を募集している会社をいくつか受け、入社したのが「スポーツアイESPN」（現Jスポーツの前身）で、メディア営業部に配属された。

「仕事はハードで、残業も多くて毎晩タクシーで帰宅するような生活でした。身体は辛かったんですが、その代わり凄く稼ぐことが出来ました。合間を縫って当時神奈川県3部だった港北FC（現ヴェルドレーロ港北）の練習に参加し、自主トレもこなしていました。もうこの半年間は、アクティブなスイッチが入ったままで、ずっとハイな状態でしたね」

胸に秘めた思いを社内で語ることはなかった。体育会系の片鱗さえも見せなかった。だから入社後随分と経ってから、同僚が目を丸くして驚いた。

「え！　小森って、スポーツやっているの？」

1年弱会社で働き資金作りに成功した小森は、再びその半年後に単身ブラジルへ飛んだ。今度は言葉に不自由がない。就労ビザの取得を条件に、次々にクラブと交渉を進めた。だが実際に日本人の助っ人のために就労ビザを取れるクラブなど、1部所属のビッグクラブしかなかった。

途方に暮れていた時に、サンパウロ州2部のパレストラというクラブの練習で知り合った米国人クリストの言葉を思い出した。19歳で米国代表に選ばれた経歴の持ち主だというが、ブラジルでは不遇が続き、やがて母国へ帰って行った。

「タカ（小森）、米国にもサッカーはあるんだぞ。僕の父がサッカー関係の仕事をしているから、来ればチームを紹介できるよ」

ちょうど持っていた日本行き（帰り）の航空券もロサンジェルス経由で、日付も決まっていなかった。

小森は躊躇なくロスで降りると、タクシーに乗り込み、こう告げるのだ。

「安くて危なくないモーテル知らない？　あったらそこに連れてって欲しいんだ」

そこに数日間留まり自主トレを続けるうちにクリストの父とも連絡が取れ、本当にサンフェルナンド・バレー・イーグルスというクラブを紹介してくれた。

「D3プロリーグという名称なので3部リーグの位置づけだと思ったのですが、みんな2部だと言っていました。米国ではMLS（メジャーリーグサッカー）の下に東、西、中央と3つの地区に分かれたリーグがあり、そこに所属していたようです。テストは一発合格。クラブ用に借りていた大学の寮みたいなところに移り住み、なんとヴェルドレーロ港北から国際移籍証明書も送ってもらい、シーズンを通してレギュラーでプレーをしました。サッカーで初めての成功体験でした」

監督は後に清水エスパルスを指揮するアフシン・ゴトビ。それまではサッカースクールを経営していたが、初めてプロの監督に挑戦することになった。

「ジョージアのユース代表選手3人が在籍していて、一緒に寮生活を送りました。彼らは社会主義体制下でエリート教育を受け、サッカーだけに明け暮れてきた。そのうちの1人はジョージアリーグの得点王で、僕は英語を教えてあげる代わりにジョージア語を習おうと思ったんですが、彼はジョージア語のアルファベットさえも書けない状態でした。お互い好意は持っているのですが、言葉を使わない友人関係でしたね（笑）」

チームは好調だった。プレーオフにも進出し、最後はUSカップでMLSのチームを次々と破り決勝まで進んだサンフランシスコのチームに惜敗したが、プレーヤーとしてはっきりと手応えを得た。

「この頃はどこへ行っても通用する自信がありました。この勢いのまま、今のオレを誰か見てくれ、という気持ちで一杯でした」

シーズンを終えると、ゴトビが「私と代理人契約を結べば、次の移籍先も面倒をみてやる」と持ち掛けて来た。

「選択肢は、MLSのトライアルを受けるか、ヨーロッパへ行くか。でもゴトビさんは日本にも伝手があるというので、このチャンスを逃したらもう日本でプレーをするチャンスはないと飛びつきました」

ゴトビは小森を、大宮アルディージャの監督を務めるオランダ人のピム・ファーベークに推薦した。しかし小森が帰国したのは秋口である。Jクラブの活動が再開するまで数か月間は自主トレの日々があり、コンディションは徐々に下降してしまった。

「大宮では暫く練習に参加し、やれていたとは思うんですが、やはりベストの状態と比べると何かが違うな、という感覚がありました。ある日、トレーニングを終えると、ピムが僕の肩を抱きながら話すんです。ウチの左サイドバックには絶対的な存在がいる。同じ年代のおまえをバックアップとして獲得するわけにはいかないんだ」

再びゴトビと連絡を取るが、さらに選択肢は狭められていた。

「他のアジアの国でプレーをするか、あるいはヨーロッパでもトップレベルでなければチャンスがあるかもしれない。そう言われました。当時26歳の僕は、また1年間頑張って27歳で再度Jにチャレンジすることは想像出来なかった。それは凄く〝しがみつき感〟が強いな、と思ったんです。米国で1シーズンでもピークを作って戦った。ある程度は、それで納得も出来た。だったら仕事を変えて前に進もうと決断したんです」

現役選手として区切りをつけた小森は、ビデオの制作会社に就職する。ディレクターの募集だったのに、入社してみたら完全に営業職で、暫くはビデオの訪問販売を続けることになった。

「でも楽しかったのは、仕事で扱う情報が全てサッカーに関わっていたからです。売るのがサッカーのビデオなので、営業の対象も指導者が多い。買ってくれれば午後フリーになるので練習でもなんでも手伝いますよ、と。出張にはサッカー用具を必ず持っていき、実際にグラウンドに顔を出すこともありました」

やがて本来志したディレクターの仕事も出来るようになると、田嶋幸三（現日本協会会長兼国際サッカー連盟理事）や小野剛（元日本協会技術委員長）らが監修をしたトレーニングビデオや、フットサルのビデオを世に出していく。そして当時未開拓だったインターネット販売を軌道に乗せ、独立してフリーランスのディレクターとして仕事を始めた。

さて随分とプロローグが長くなったが、ようやく小森は、ここから少しずつ通訳の仕事に近づいていく。２００２年、日韓共催のワールドカップが近づき、サッカー熱は急速に高まりつつあった。そんなある時、港北ＦＣの代表（当時横浜市協会理事）から声をかけられた。

「タカちゃん（小森）、言葉が出来るし興味があるなら、ボランティアやらない？」

自国開催のワールドカップに携わることが出来るのだ。喜んで面接を受けると、あっさりとクロアチア代表をエスコートすることに決まった。

「チームが横浜に滞在している間、雑用の手伝いをしました。言わば〝足軽〟みたいな感じです。でも各地で働いたエスコートの中では高い評価を得たそうで、決勝戦ではブラジルにつくことになったんです」

ブラジル代表と一緒に横浜プリンスホテル（後に閉業）に泊まり込み、ロナウドやロベルト・カルロスのクリーニングなどの世話をした。また紺のポロシャツ姿でＣＢＦ（ブラジルサッカー連盟）会長のリカルド・テイシェイラへの表敬訪問の通訳を務め、気難しいチーム帯同の料理長のおばちゃんの要望にも応えた。多忙を極めたが、それは夢のような日々だった。

「選手たちとも仲良くなり、決勝戦をピッチサイドで見て、試合が終わった後はロッカールームに入ってワールドカップを持たせてもらった。少なくともそれから1か月間は廃人のようになりましたね」

大会を終えると公式DVDの制作の仕事を請け、ワールドカップでの思い出の写真を飾って結婚式も挙げた。

そんな充実の絶頂にある小森に、JAWOC（ワールドカップ日本組織委員会）からコンサドーレ札幌の運営部長に転身して間もない村野晋から連絡が入る。ジョアン・カルロス監督以下スタッフをブラジル人で固めるクラブに、通訳として来て欲しいというオファーだった。

「それまでアルバイトで通訳をやった経験はありました。でも一言一句にピリピリと気を遣いながら訳すイメージで、仕事として憧れはありませんでした」

それでもクラブ側の話を聞くうちに興味が沸いて来た。「一晩考えさせてください」と答えたが、既に受諾の気持ちは固まっていた。一晩は妻を説得するための時間として確保したつもりだったのだ。もっとも高校時代の同級生で長く交際を続けてきた夫人は、小森の思考を十分に理解していた。

「逆に大手の監査法人に勤め給料も良かったのに退職し、札幌と1年契約を結んだばかりの僕について来てしまった。さすがにビックリしましたね」

通訳の仕事に就いて、最初の3か月間は苛立ち通しだった。ブラジル勢は監督以下フィジカルコーチ、ゴールキーパー（GK）コーチの3人が、ファミリーのようにセットで動く。とりわけGKコーチが「悪い人ではないけれど、凄い試し方をしてきた」という。

「ピッチ上のことは楽しくて仕方がなかったんです。気を遣ったのはピッチ外の方でした。細かなことで、そのくらい気を回せよ、みたいなことをチクリチクリと言ってくる。あのチームの誰々は良かったなあ…、とか。冗談なんでしょうけどね。完全に付き人的な扱いでした。でも辞めるという選択肢は一切ありませんでした。むしろこの苛立ちを本当に克服したいと思っていたんです。実際に彼らと仲良くなりリラックス出来るようになってからは、凄く仕事が上手く運ぶようになりました」

どうやら3か月間は、お試しとして値踏みされていたのかもしれない。

小森には、通訳としての持論がある。

「これは自分のスタイルかもしれませんが、逐語訳では通訳の機能は果たせないと思っています。やはり話す人のテンション、表情も含めて、本質や意図を文化的な解釈の違いも汲み取って伝えていかなければならない」

一方で言いたいことをすべて訳さず、時には対象者を守るのも通訳の仕事だという。

「当時の小山哲司GMからは、こうしてくれればいいから、と具体的な要望を聞いていたので、だいぶ整理は出来ていました。例えば、頭に血が上った監督が〝あのクソレフェリー！〟などと口走ることがあったとしても、僕は涼しい顔で〝なかなかいろんなシーンで思うようにならないこともありますが…〟と訳していく。ジョアン・カルロスの時にはなかったですが、ミゲル・ロドリゴ（フットサル日本代表前監督）に対しては〝さすがに、それ言っちゃダメでしょう〟と顔を見合わせることもありました。でもミゲルは〝判っているけれど、とにかく（訳は）任せるから言わせてくれ！〟と、時々まくしたてる。そこで僕は日本語の婉曲表現を使って伝えるわけです。発した言葉をストレートに訳すのが通訳のミッションだという考え方もありますが、やはりそこは対象、場面、状況などを考慮して、正しく訳すのが最善なのかどうかを判断していく必要があると思います。ジョークも同じです。本人に、それ面白くないよ、と言い返しちゃうこともありました」

スペイン語を習得しフットサルの世界へ

軌道に乗ってしまえば、札幌では楽しい日々を送ることが出来た。自由な時間も確保出来たので、誘われてフットサルの北海道リーグにも数試合出場した。

だが成績不振のジョアン・カルロス監督は、最初の夏には解任され短命に終わる。小森はクラブから通訳とは別の立場で残ることを勧められたが、ちょうど声をかけてもらった東急スポーツシステム（ＴＳＳ）で仕事をすることに決めた。

「会社がフットサルに特化したスクールを始めようとしていて、手伝って欲しいという話を頂きました。既にＴＳＳでは、ボリビア出身で元日本代表の石川康さんがエージェントとして関わり、スペイン連盟とのパイプを持っていました。それまで僕はフットサルと言えば、ブラジルだと思い込んでいたのですが、よく調べてみればスペインはブラジルを下して世界一になっているし、体系立てた指導理論が確立されて浸透しライセンス制度も整っていました。逆にブラジルは、地域やクラブによって指導のアプローチも違うし、もちろんライセンス制度もない。日本の文化的背景を考えれば、スペインから学ぶべきだろうという結論になったんです」

以後ＴＳＳは、スペイン代表を率いて２０００年、２００４年のフットサル・ワールドカップで連覇を果たしたハビエル・ロサーノを招聘し、同社の指導者たちへの研修として講義や実技指導を依頼した。だがその度に仲介と通訳を務めて来た石川康が多忙になり、継続が困難になる。そこで代役として小森に白羽の矢が立ったのだ。

慌ただしく、しかし本気でスペイン語の修得に励みだしたのが２００６年頃だったと記憶している。

「ロサーノさんが話していてもまるで判らなかったんですが、活字になっているものはなんとか判る部分もあった。つまりスペイン語はポルトガル語と似ているという事実に気づいたんです。それからはテレビ講座で勉強をしたり、ラジオ番組をダウンロード出来るｐｏｄｃａｓｔ（ポッドキャスト）をシャワーのように耳に流し続けたりしました。最初から単語の切れ目は判ったんですが、そのうちに綺麗に聞き取れる単語が出て来る。そこで単語を調べて、文法書で言葉の構造を確認し、フレーズも加えていきました。これはポルトガル語を覚える時にも使った手法ですが、スペイン語の方が短期間でマスターすることが出来ました」

小森が続ける。

「スペイン語を聞いて、それを日本語で伝えるのは1年間くらいでなんとか出来るようになったと思います。日本語なら、相手の主旨が判れば、いろいろな言い回しで補うことが出来ますからね。でも日本語をスペイン語で伝える方は、もう少し時間がかかりました」

２００８年夏、小森は海外夏季研修と称して6～7人のメンバーを率いてスペインを訪れ、通訳はもちろん、ツアーコンダクター、現地ドライバーに至るまで全て一人でこなした。

「現地でサッカーやフットサルを観戦して、講義を受ける。夢のような時間を過ごしました。この時にロサーノさんが観戦を勧めたのが、ミゲル・ロドリゴが指揮するカハ・セゴビアの試合でした」

やがてＴＳＳでは、スペイン連盟が公認する指導者の社内ライセンスの取得制度を確立する。ロサーノらが講義する指導方法は、全て小森が咀嚼して受講者に伝えた。

一方でJFA（日本協会）もフットサル代表監督を務めて来たブラジル人のセルジオ・サッポの後任を探すことになり、内部で「次はスペイン人が良いのでは」という声が出ていた。JFAから相談を受けた小森がロサーノに「誰か推薦できないか」と持ち掛けると、すぐにミゲル・ロドリゴの名前が挙がるのだった。

交渉はロドリゴがセゴビアを率いて日本遠征に訪れた際に行われ、小森も仲介者として同席した。

「ミゲルは冒険家なので、条件を提示する前から引き受ける姿勢を示していました。細部を詰めていく過程では〝なんだそれは…〟と愚痴も出ましたが、まったく引く気はありませんでした」

またロサーノはミゲル・ロドリゴに「スペインの指導メソッドは全て小森に教えてあるよ」と伝えていたので、通訳も自然な流れで小森に決まるのだった。

「ミゲルが指揮を執っていたセゴビアには日本の選手も在籍していたし、本人にも来日経験があったので、日本のフットサルの技術的な水準は想像出来ていたと思います。ただし日本の選手たちの物の考え方や振る舞いなどには、カルチャーショックを覚えたと思います」

ロドリゴが最も戸惑ったのは、あまりに日本人が主体的に考え行動しようとしないことだった。

「まずこういうことをやって行きたいと方向性を示す。さらにプレー開始の時点での配置（システム）を決め、相手の狙いも伝えて、だからこんな動きを使って行こうと確認する。スペイン人なら、そこまで指示を出せば、あとはコートに立って相手の出方を窺いながらフリーセッションに移行していくところです。試合が始まれば、個々が勝手にアイデアを出し合い、監督の顔色など見向きもしません。ところが日本の選手たちは、言われたプレーは速く正確にやろうとしますが、〝それではうまくいかなかったら、どうするのですか？　という質問が出て来るわけです。ミゲルは〝そこまで逐一教えていかなければいけないのか？〟と、最初は凄くショックを受けていました」

小森は、ミゲル・ロドリゴが茫然とした出来事を2つ教えてくれた。

「対戦相手をスカウティングして、試合前には〝斜めのボールを入れて来るかもしれないから注意しろ〟という話をしておいた。ところがキックオフから、わずか3～4秒でいきなり失点。斜めのボールを注意するあまり、ど真ん中を開けてしまっていたんです」

ロドリゴは嘆いた。

「日本人は、とにかくこれさえしておけば大丈夫というマスターキーに憧れるけれど、フットサルの試合で、そんなものはありえないじゃないか」

2010年のアジア選手権では、強豪イランとの試合前にゴレイロ（ゴールキーパー）に気合いを入れた。

「きょうはおまえが全部止めるんだ。おまえならやれる！」

頼んだぞ、という調子で激しく胸を叩いた。スペイン人ならこれで奮い立ち、気合十分のセーブを繰り返す。ところが日本代表のゴレイロには、それが完全に裏目に出た。

「開始早々に遠目からのシュートを股抜きで先制されると、それからは緊張のあまりか、何だか影が薄くて、どのボールも危うい、みたいな感じになってしまったんです。終わってみれば0－7の大敗でした。ミゲルは、この失敗体験で彼我の心理マネジメント、特にモチベーションの上げ方の相違を強烈に学んだはずです」

ミゲル・ロドリゴは、どうしてもキャプテンを任命しようとしなかった。リーダーは監督が決めるのではなく、自然に生まれて来て欲しいと願ったからだ。だが選手たちは、指揮官に指名して欲しいと願った。日本では役職が人を作るという認識がある。任命されなければリーダーとして振る舞えないという慣習さえ染みついている。監督と選手たちの主張は平行線を辿り、小森が仲介に入り調整役を果たした。最終的にはロドリゴが折れて、2人を指名するのだった。

「こうして日本の精神文化を理解している僕がミゲルとディスカッションを繰り返し、一緒にチームの改革を進めてきました。そして同時に彼の考えていることを選手たちに伝えて、みんながシェア出来るように努めてきた。さらにミゲルが考えていることを理解している僕が、状況に応じて選手たちの相談に乗り、声をかけていく。それは通訳だけでは務まりませんよね、ということでコーチの肩書きも加わったんです」

2つの肩書きを承認され、全力で取り組み目標の達成に貢献する。小森は、そんなサイクルに充実感を覚えていた。特に2014年にアジア選手権で連覇を果たした時は、大きな達成感を味わった。

「日本代表は育成やクリニックレベルではないので、全ての選手が主体的に動き出すのを待つ余裕はありません。ある提案をして、その結果を見て、だったらこうしようよ、と導いていく。それは実質的に教えているのと一緒ですよね。でも少なくともミゲルには、主体となる選手たちの視点を尊重し、彼らの考え方を受け入れる度量がある。だから選手たちも物を言い易くなります。僕自身も、プレイヤー時代に、こんなマインドを持てていたら良かったな、と思いますよ」

もっとも小森が「一見して人当たりが良く、子供にも優しい太陽のような存在に映る」というミゲル・ロドリゴも、その内実はスペイン語で「コニャッソ」と表現されるほど「しつこい」面を持っていた。

「同じことをくどいほど繰り返す。些細なことで目くじらを立てる。単純無垢な冗談みたいな嘘や方便がやたらに多い、いちいち大げさ…。そんなミゲルのコニャッソに耐えられているのは〝セイント（聖者）〟だからよと、彼の奥さんには言われました。実際にミゲル自身に聞いたら〝小さい頃おばあちゃんにも、なんてコニャッツなの！　と言われた〟と笑っていたから筋金入りですよ」

残念ながら、ロドリゴは2016年アジア選手権でワールドカップの出場を逃し、日本代表監督を退任した。だが6年以上も滞在し、日本語もそこそこに覚え始めていた。

「生活をしていく上での安全性、安心感は、なにものにも代え難い。他の国とは全然違う。ここで好きな仕事が出来てお金がもらえるなんて本当に貴重な経験だと、いつも言っていました。日本語は全て単語で覚えようとするんです。僕は文法の勉強を勧めるけれどやらない。だから〝します〟と〝しません〟は、別の単語として記憶していきます。こんなことをしていたら、覚える単語が膨大な数になっちゃいますけどね」

さてここまで小森は、言葉とボールを基盤としたジェットコースターのようにスリリングな半生を送って来た。それは父が描いた文科系の堅実な生きざまとは真逆だったかもしれない。

「でも破天荒に見られがちで、実は行けるなという博打しかしないタイプなんです。だから将来に不安を覚えたことはありません。必ず何かをやる。やれるでしょう、と確信はしているんです」

今、小森は指導者として、世界に挑み続けている。ただし、それが終着点に繋がっていくかは、まるで未知数だ。体育系と文科系が効果的にミックスした小森の未来には、まだまだ測り知れない可能性が広がっていく予感がする。

8

TAKAHIRO KOMORI

adidas
adidas

9

塚田貴志

空爆後のセルビアで憶えた
言葉が生涯の友に

セルビアで勉強した4か月

平日の午後、都内のファミリー・レストランで待ち合わせた塚田貴志は、まだ時差呆けに苦しんでいる様子で、時折り襲ってくる睡魔と闘いながら言葉を絞り出していた。過酷な仕事である。既に契約したJクラブは6つ目となり、ちょうど東京ヴェルディの仕事で欧州から戻ったばかりだった。

2014年には、イヴィツァ・バルバリッチ監督の通訳としてコンサドーレ札幌と契約し、それからは家族を実家のある鳥取県に残して単身赴任を続けている。長男が物心をついた頃、離れて暮らすことになったので、せっかくの可愛い盛りに顔を合わせることが出来ていない。

「上の6歳の長女は多少寂しがってくれているみたいなんですが、下の子の方は父親の存在を認識しているかどうかも判らない。本当に家族には迷惑をかけています」

過去5つのクラブでは、一貫して監督と運命を共にして来た。

「監督と同じく1年契約でした。もちろん先行きが見えず不安定かもしれませんが、それを言ったらこの仕事は出来ません。例えば監督が半年で解任された場合、他のスタッフとして残して頂く話もありました。でもやはり監督が辞めたのに自分だけ残る気にはなれませんでした。安定を求めるなら会社員になればいい。監督も選手も結果が出なければ、クラブを去るわけです

9
TAKASHI TSUKADA

からね。もちろん僕の仕事ぶりがダイレクトに結果に繋がるわけではありませんが、監督の意図を汲み取り、どれだけ選手たちに伝えていくことが出来たか…、そこを考えれば、少なからず結果に影響はあると思うんです」

長い付き合いとなったランコ・ポポヴィッチには、レフェリーなどへの抗議も含めて「話したことを、そのまま全て伝えてくれ」と要望された。ポポヴィッチは言った。

「もしレフェリーが結果に直結するミスを犯せば、監督にとっては翌年仕事があるかどうかの重要な問題なんだ」

だから塚田も、監督のテンションそのままに語気を強めて抗議をする。サッカーの通訳には、重要な役割である。

共闘する。

「一応」と添えながら、そこに多少の誇らしさと照れくささが滲んだ。

「中学、高校ともに全国大会に出場しているんです。ポジションはセンターバック。どちらも1回戦で負けちゃったんですけどね」

米子北高校を卒業した塚田は、ザスパ群馬の前身に当たる「東日本サッカーアカデミー」に入学した。監督はモンテネグロ人のラトコ・ステウォヴィッチだった。

「ラトコは僕の親戚が経営する食品会社に勤めながら、帝京高校や東邦チタニウムなどでサッカーを指導していたんです。だから僕も高校を卒業したら、アカデミーに来るように誘われていました。受験をしていくつかの大学にも合格したのですが、結局そちらに進みました」

入学して1年目くらいから、ステウォヴィッチ監督には「ここを卒業したら欧州へ行け」と勧められ、あっさりと進路を決めている。

「初めて外国人の監督に指導を受けて、サッカー観が広がりました。僕も外国には興味があったし、あまり物事を深く考える方ではないのでシンプルに決断しましたね」

目的地はセルビアだった。だが現地ではNATO（北大西洋条約機構）による空爆が続いており足止めを食う。

1999年3月に東日本サッカーアカデミーを卒業してから、現地の空爆が沈静化するまでの9か月間は親戚の食品会社で働いた。

「夕方の6時から朝8時くらいまで働く結構きついアルバイトだったんですが、月に30万円くらい稼ぐことが出来ました。親戚なので気を遣ってくれたところもあったと思います。この時貯めたお金で、セルビアへ行ってからもかなり凌ぐことが出来ました」

空爆を受けた後のセルビアは、経済制裁を受けていることもあり、物価が極端に安かった。

塚田が肩幅に両手を広げて説明してくれた。

「こんなにたくさんのバケット（細長いパン）が3円くらいです。コーヒーは1杯15円、家賃は1500円でした。さすがに食料に比べれば、だいぶ高かったと思いますけどね」

ベオグラードに到着した塚田は、セルビア3部のコングラップというチームに入団する。1部で戦うチュリチュキのサテライトチームで、アピール次第ではステップアップの可能性があった。

チームとの交渉やアパート探しなどは、東日本サッカーアカデミー時代に指導を受けたステウォヴィッチ監督や、彼の弟ペジャが助けてくれた。ペジャは日本暮らしが長く日本語が堪能だった。

現地では語学学校に入学し、4か月間通った。セルビアへ行く構想は早くから固めていたが、言葉の勉強は現地に着いてから、と決めていた。日本で勉強をしても会話力は身につかないと思っていたのだ。

その代わり、とにかくセルビアに到着してからの4か月間が「人生で一番勉強しました」と振り返る。

「なるべくたくさんの友だちを作って外へ出かけるようにしました。セルビアに日本人はいないので、現地の人たちも面白がってショッピングからナイトクラブまでいろいろ連れ出してくれました。ベオグラードのナイトライフはレベルが高いと定評がある。西側諸国からも遊びに来るほどです」

気がつけば、この4か月間でなんとか話せるようになっていた。

「会話力を高めるには実戦しかない。家にこもっていたのでは決して上達しません。現地の人たちと、いかに多くの時間を共有するかがカギになります。実際に僕の後には日本からの交換留学生や研究者も来ましたが、文法や単語はしっかり勉強しているのに思うように喋れていませんでした」

塚田が続ける。

「セルビア語は難易度の高い言葉だと言われています。発音はカタカナでもなんとかなるんですが、文法が難しくて名詞が変化していくんですよ。ロシア語やブルガリア語に似ています。ロシア人の会話も聞いていればなんとなく判ります」

会話の支障が消え生活に不自由はしなくなったが、2年目には腰にヘルニアが出て、膝も故障してしまった。致命傷ではなかったが、自分にケガを乗り越えても現役で活躍していく力が備わっているとは思えなかった。

引退を決めた瞬間に、目標は指導者資格の取得に変わった。セルビアには3種類のライセンスがある。最高級がプロで、以下A級、B級と続く。塚田はベオグラード体育大学のサッカー学科に入学し、2年半をかけてB級を取得した。

「専門学校へ行けば、もっと早く取れるんです。その辺はサッカー協会と大学が不仲だったこ

9
TAKASHI TSUKADA

とも影響しているんでしょうね。でも僕はもう少し深く幅広く勉強をしたかった。大学では解剖学や生理学なども学びました。途中で50人前後が参加して2週間の合宿が挟まれ、この間は朝から晩まで缶詰めでしたよ」

セルビア滞在には、新鮮な驚きが詰まっていた。何より日本では体験できない戦争という非日常的な苦悩の中で、まったく明るさを失わない人たちと接し感銘を受けた。

「日本では当たり前のことが、決して当たり前じゃない。でもそんな状況下でもセルビアの人々には、困難を笑いに変えて生きていく逞しさがあった。まったく違ったモノの見方、考え方をする人たちと交流して、本当に勉強になりましたね」

まだ自分がセルビアに行くことなど想像もつかなかった中学生時代に、鮮烈な記憶が刻み込まれている。当時日本では、欧州と南米を制したクラブチャンピオン同士が世界一を賭けて戦うトヨタカップが開催されていた。そして1991年、旧ユーゴスラビア（現セルビア）屈指の名門レッドスターが、南米チャンピオンのコロコロ（チリ）に3－0で圧勝する。レッドスターは、エースのデヤン・サビチェビッチが序盤で退場する大きなハンディを負ったが、終わってみれば危なげない勝利を飾っていた。

「MVPを獲得したヴラディミール・ユーゴヴィッチが、賞品のトヨタ車をお金に変えてチームメイトと分け合ったんですよね。そんな思い出もあり、ベオグラードでは週末になると必ずスタジアムに通っていました。

レッドスターのスタジアムは、旧くて大きくて凄く雰囲気がありました。まだ経済制裁が続き生活が厳しい時期で、メインスタンドのチケットでも150円くらいでした。それでも高くて観客は1000人くらいしか入らない。レッドスターが世界チャンピオンになった頃は、27歳になるまで国外移籍が出来ないという規約があったのですが、この頃は撤廃されていたので国内リーグには代表選手が3～4人ほどしか残っていませんでした。レッドスターでは、後にマンチェスター・ユナイテッドなどでプレーをするネマニャ・ヴィディッチが活躍し、ライバルのパルチザンではやがて欧州屈指のストライカーに成長するマテヤ・ケジュマンが最大のスターとして輝いていました」

スタンドの野次は、世情を映し出すかのように野卑で口汚かった。

「政治的な野次が飛び交ったし、ちょうど八百長が多かった時期なので、レフェリーには手厳しかったですね」

セルビアでB級の指導者ライセンスを取得して帰国した塚田は、静岡のクラブチームでフットサル場の管理をしながら5年間小中学生の指導を続けた。

「スロベニアでプロ指導者の資格を取り、アルビレックス新潟でも指導をされた和田治雄さんに、静岡に面白い人がいるよ、と紹介して頂いたのが、当時球'sクラブ倶楽部の指導者だった磯部成範さんでした。清水エスパルスの強化に携わった経験を持ち、物凄く頭が切れてエネルギッシュな方です。その磯部さんが、やがて独立してロプタ静岡というクラブを起ち上げたんです」

ロプタはセルビア語で「ボール」を意味する。命名したのは塚田だった。

「ここで小学生を中心に指導をして来ました。ちょうど中学生を連れて夏の長野遠征に出かけている最中でした。突然ＪＦＡ（日本サッカー協会）から電話があり、代表監督に就任したイヴィツァ・オシムさんの通訳を探しているとのことでした。ビックリしましたよ。通訳の経験なんてまったくなかったのに、いきなり日本代表ですから。まあ、旧ユーゴ系の言葉が出来る人は少ないですから、テスト的に試してみようということだったみたいです。年間を通して一番の繁忙期だったんですが、クラブも快く出向の形で送り出してくれました」

取り敢えず、オシムの通訳は3人体制でスタートした。千田善が会見等を担当し、塚田はピッチに出た時にオシムに付いた。

「トレーニングメニューが複雑なので戸惑うことばかりでした。張りつめた緊張感の中で、いきなり打ち合わせもなく始まりますからね。どういう内容なのか事前に教えて欲しいと要望したこともあります。実際に教えてくれることもありました。でも基本的にオシムさんは、状況に応じてメニューを変えていく人ですからね。事前に聞いたことと違って面喰い、逆に慌てる原因にもなった。通訳としての経験を重ねた今ならうまくこなせたとは思います。でも当時の僕には凄く難しい仕事でした」

オシムにはJリーグのジェフ千葉での指導経験があった。日本の選手たちが何を話せばどんな反応を示すか予測出来ていた。だから通訳を介した説明が理解されていなければ、即座に察知してストレートで厳しい言葉を投げて来た。

「千葉時代にオシムさんには間瀬秀一さんがついていたのですが、クラブとの契約の関係で日本代表にはついて来られなかったようです。でも間瀬さんも最初はだいぶ苦労されたようです。オシムさんも〝アイツはいつも走っていた〟と懐かしんでいました」

それぞれオシムはボスニア語、塚田はセルビア語、そして間瀬はクロアチア語を話すわけだが、さすがにまった支障なく会話は交わせるそうである。

「結局オシムさんの通訳は半年間ほどで終わりました。完全に僕の力不足だったと思います。協会の方には、これからは千田さんで行くから、と言われました」

オシムと過ごした日々は反省ばかりだったという。

「通訳の面白さなんて、まったく感じられなかった。凄く瞬発力の要る仕事です。当時の僕は、もうオシムさんの言葉を直訳するのが精一杯で、自分で訳していながら日本語が少しおかしいと気づくこともありました。もっと相手の意図を汲み取って伝えなければいけないと思いましたね」

9
TAKASHI TSUKADA

しかしたっぷりと落ち込んだ後で、新しいモチベーションが芽生えて来た。

「もう1度、今度こそはしっかり通訳をこなしてみたいと考えるようになったんです。例えば、僕がセルビアから帰国して仕事を探す時に相談に乗ってくれた和田さんは、スロベニアでプロ指導者の資格を取得して、ブランメル時代の仙台でブランコ・エルスナー監督、名古屋グランパスやベガルタ仙台ではズデンコ・ベルデニック監督の通訳を経て、アルビレックス新潟でコーチをされました。現役時代にプロのキャリアを持たなくても、Jリーグのトップチームに入ることが出来た。僕もそういうモデルケースになりたいと思ったんです。それにはやはり通訳が近道かな、と考えたんです」

ものにしたポポヴィッチとの出会い

2度目のチャンスは、間もなく巡って来た。

2009年に大分トリニータのシャムスカ監督が更迭され、セルビア出身のランコ・ポポヴィッチが後任に指名される。早速大分の原靖強化部長から連絡が入った。塚田は希望する仕事のオファーを受け、今度は会社を辞めて退路を断ち大分へ飛ぶ。腹を括って取り組まなければ思い切った仕事が出来ないと考えたのだった。

「とにかくポポさんとは四六時中一緒にいました。大分では近所に住んでいたので、トレーニングが終わると食事に出かけ、帰宅してからも翌日の打ち合わせをして一緒に試合のビデオも見ました。周りからは、そんなに一緒にいてきつくないの？　と言われましたが、まったくそんなことはなかったです。通訳として仕事の精度を上げレベルアップをしていくには、担当する人がどんな考え方をしているのか知ることが大切な条件になります。やはりピッチの外でも、ずっとコミュニケーションを取り続けて、ポポさんの哲学を共有出来たから、うまく伝えられるようになったのだと思います」

ポポヴィッチが大分の監督を引き継いだ7月の時点で、まだチームは勝ち点4しか稼げていなかった。塚田が振り返る。

「選手たちにも覇気がなかったですよね。もう劇薬が必要な状況だったのだと思います」

ただし大分には若くて大きな可能性を秘めたメンバーが揃っていた。西川周作（現浦和レッズ）がゴールマウスに立ち、森重真人（現FC東京）が守備の要になり、清武弘嗣（現ハノーファー＝ドイツ）金崎夢生（現鹿島アントラーズ）家長昭博（現大宮アルディージャ）らが攻撃を担っていた。そこに裏表なくストレートな言葉を発し、情熱的に選手たちにぶつかっていくポポヴィッチ監督がやって来て、劇的な化学反応が起きた。

「厳しいことでもはっきりと言い切る人です。もう荷物をまとめて帰れ！　と怒鳴られた選手もいたし、悔し涙を流した選手もいる。これはオシムさんも言っていたことですが、プロになって高級車を乗り回して満足していたら成功はない、というスタンスを貫いています。全てが彼らのために言わなければいけないことだった。けなすことはないし、翌日まで引きずることもない。それでも最初は選手たちもピッチ上だけでは理解出来ないケースもあったので、よく個別に選手たちを呼んで〝なぜ、ああいうことを言ったか判るか?〟などとフォローをしていました」

時間の経過とともにチームも軌道に乗り始め、塚田とポポヴィッチの信頼関係も深まって行った。

「最初の頃は試されている感じもあり、しょっちゅう怒られていました。凄く感情豊かな人なので、その感情表現が伝わっていないと指摘されましたね。特に〝オレが怒っている時は、もっと怒れ〟と。一方で僕は日本とセルビアの違いを理解しているので、気づいたことがあれば、日本ではこうした方がいいよ、と助言もするようになり、徐々に信頼してくれるようになりました」

ポポヴィッチとは、大分の後も町田ゼルビア、FC東京、セレッソ大阪と4つのクラブで5年間と長い付き合いになった。

「ポポさんのコミュニケーション能力は半端じゃないんですよ。母国語以外にも、ドイツ語、スペイン語がネイティブ並みで、英語も堪能。日本語も話していることはだいぶ判っているはずです。判らないことがあれば積極的に聞いて来て、覚えて喋っていく。大一番で選手たちがガチガチになっているので緊張をほぐしたい時などは、選手の笑いを取るために僕がポポさんとは違うことを言うケースも多々あったのですが、きっと判っていて任せてくれていたはずです」

4つのクラブを渡り歩き苦楽を共にしながら、監督の強さを感じて来た。

「もちろん苦しい時期もあり悩んでいることもありましたが、それでもやるべきことは見失わず、ピッチ上で全てを出し切るという姿勢は変わらなかった。はっきりと目に見える結果が出なければ契約の延長がない。プロはそういう世界です。だから契約が切れるのは残念なことですが、そこは淡々と受け止めていました。FC東京でも手応えは感じていて、続けられればいいね、という話をしていました。それだけにスペインからオファーが来た時は、僕もうれしかったし、本人も相当に喜んでいました。2015年には現地で再会しましたが、『マルカ』紙（スペインで最も有名なスポーツ紙）で10月の月間最優秀監督に選ばれていました」

ポポヴィッチがスペインへ去ると、塚田はコンサドーレ札幌からオファーを受け、今度はイヴィツァ・バルバリッチの通訳を務める。ポポヴィッチとバルバリッチは、スペインのアルメリアで現役時代にチームメイトだった。

「2人は旧友なんですが、まったく対照的で凄く面白かったですね。ポポさんには、自分が求めている理想像があり、それをチームに落とし込んでいく。現場でも見せることを意識していて、意図的なパフォーマンスもあります。一方でバルバリッチさんは、いろんな形を持っていて、チームを見てから何が一番適しているのかを探っていく。感情豊かなポポさんに比べれば、いつも冷静で感情を爆発させることはありませんでした」

極東の日本と、かつて東欧のブラジルと呼ばれた旧ユーゴスラビアでは、当然サッカー観が大きく異なる。逆にだからこそ監督を招聘して来る意味があると考える。

「人が育っていく環境からして両国では大きく異なります。旧ユーゴスラビアの選手たちは、本当の意味でサッカーを生活の手段と考えるし、その前に生まれた時から日々の生活をしていくのに戦略を練る必要がある。貧しい国ですからね。そのハングリーさは日本にはない部分なので、来日した監督は苦労をします。旧ユーゴスラビアでは、そういう背景があるから個の力を重要視しながらもチームを大切にして組織的に戦おうとする。そこは日本にも適した部分だと思います。結局日本人と同じサッカー観の持ち主なら、わざわざ海外から監督を雇うメリットはないですからね。クラブ側も招聘する監督の哲学をしっかり理解することが大切だと思います」

塚田も指導者ライセンスを持っている。率直に監督の身近にいれば、もう少しこうした方が…と感じることもあるが、通訳という立場から口を挟むことはなかった。

「やはり毎日一番近くで見ているのは監督ですからね。断片的にトレーニングを見ただけで何か言うべきではないと思います」

ただし通訳の経験を活かし、今後は指導者の道も模索していきたいという思いはある。

旧ユーゴは、ブラジルのように日本市場に絶えず指導者や選手を大量に送り込んでくるわけではないので、常に通訳の仕事が続けられる保証はない。

「所属期間が一番長かったFC東京でも2年間ですからね。この仕事が途切れなく続くかと言えば、そうとは限らない。今は通訳の力も伸ばしながら、将来的には指導をできる能力も身につけて、クラブチームでもいいから貢献したいと考えています」

通訳の力を伸ばすために、日々見聞を広げる努力は欠かさない。

「サッカー以外の情報を収集したり、言葉の感性を磨いたりするためにもジャンルを広げて様々なものを読むようにしています。もともと読むことは好きなのですが、経済紙などにも目を通すようにしていますね。表現をするという点でも、他のスポーツの監督や選手のコメントにも参考になることがあります。状況に応じて出来るだけ瞬時に響く日本語を引き出せるようにしておきたいんですよ」

ポポヴィッチにもバルバリッチにも感謝の言葉をもらった。

「オレがやりたいことをチーム内に浸透させることが出来たのは、おまえのおかげだ」

一方で塚田自身は、彼らとしっかり付き合い、その哲学を理解出来ていたからこその成果だと感じている。

その場で言葉を変換するだけでは通訳は務まらない。だから塚田は誰の通訳でも引き受けるわけではないという。

9
TAKASHI TSUKADA

KINCHO

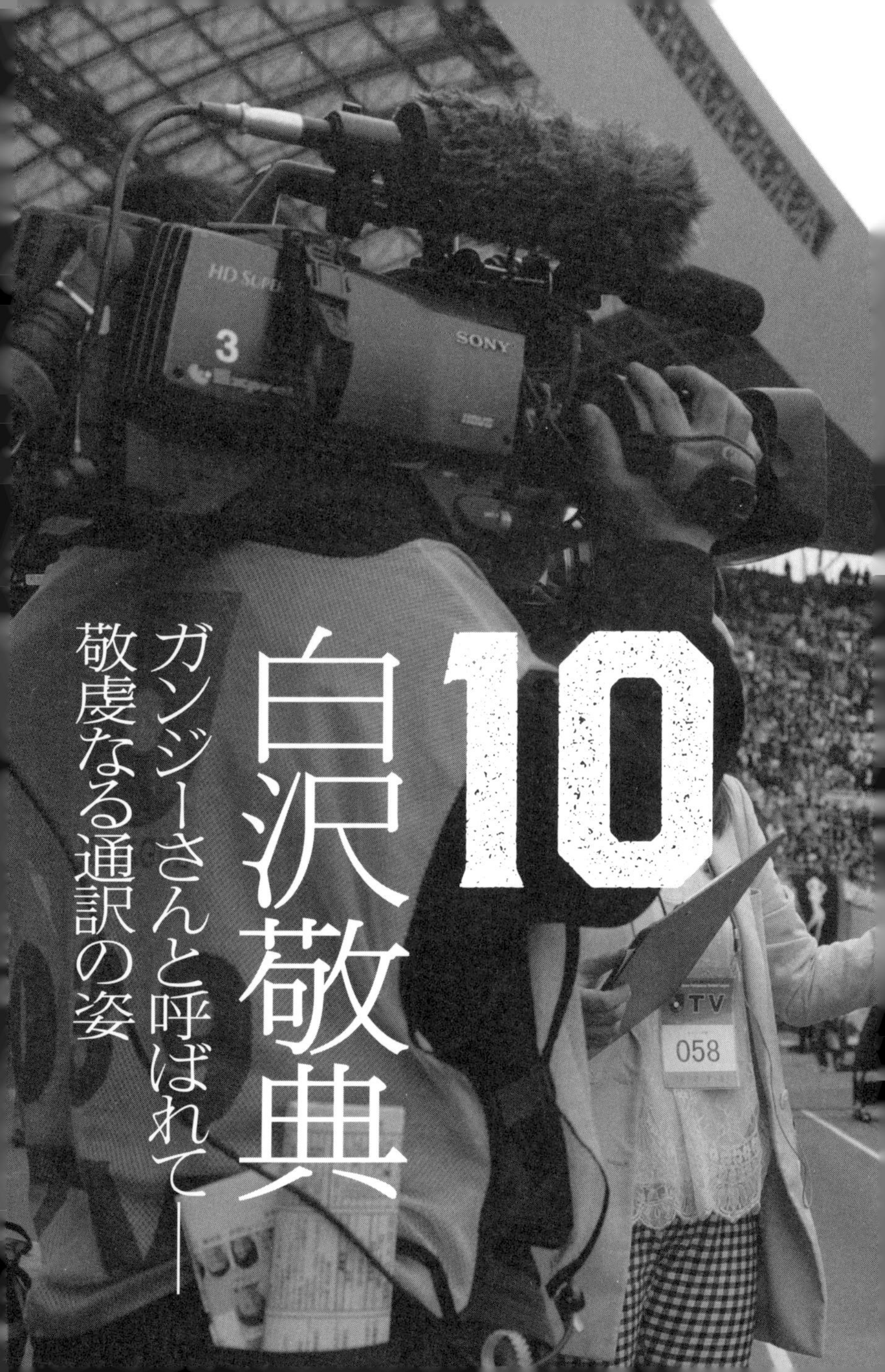

10

白沢敬典

ガンジーさんと呼ばれて——
敬虔なる通訳の姿

大学を休学してブラジルへ

スタッフは、サインなんてするもんやない、と思っていた。ところが気が付けば、断り切れないほど需要が膨らんで来た。

そもそもファンに愛称で呼ばれ、親しまれる通訳が珍しい。

「ガンジーさん、サインお願いします」

スキンヘッドに丸眼鏡の白沢敬典通訳が、インド独立の父マハトマ・ガンジーにそっくりの笑顔を見せると、ファンも遠慮なく催促をしてくる。

「顔描くのも忘れんといてや」

ちょうどガンジー生誕１００周年の１９６９年に生を受けた。瓜二つの風貌とともに重なる奇遇が「たまらなくうれしいんですよ」と相好を崩す。

ブラジルで顔を合わせた奈良育英高校サッカー部の上間政彦監督に「おまえは今日からガンジーだ」と、勝手に命名されたのが約20年前である。押し付けられたのに、なんだかいいなあ、と妙に気に入った。つまりその頃から風貌に変化がないということだが「たぶん30年経ってもまったく変わらないと思いますよ」と、優しい笑みを湛える。

セレッソ大阪での活動期間が優に10年間を超え、名物通訳の存在は確実に知られるように

10

TAKANORI (GANDHI) SHIRASAWA

なっていった。

「最初は子供さん限定だったんですよ。子供は、相手が誰だか判らずにサインをもらいに来ます。それは断りたくなかった。僕は小中学生の指導をしていたこともあるので、子供は絵を描くと喜んでくれるというのを知っていたんです。そのうちに大人の方にも求められるようになり、喜んで頂けるならと。でもくれぐれも謙虚に、それだけは肝に銘じています」

サッカーとブラジルが大好きなガンジーさんは、この仕事を天職だと感じている。

「レヴィー（クルピ＝セレッソ大阪で計6年間以上監督を務めた）は、60歳近くになっても、お父さんから〃おまえは、いつになったら仕事をするんだ〃と言われるそうです。もちろんサッカーが大好きだという基本があるわけですが、彼はそれ以上に素で人生を楽しむことが出来る達人。だからいつも周りは笑いが絶えないし、凄くポジティブでいられる。そのせいか、ちょっと困ったことがあっても不思議なほど良い結果が転がり込む。直接お会いしたことはないんですが、あの天真爛漫さは長嶋茂雄さんに通じるものがあるのかな、と思います。レヴィーは、あれだけ大きなプレッシャーを受ける監督業を、仕事だと認識していないそうです。でもそう言われてみると、僕も仕事ではあるけれど、いつも好きなことに接していられるという歓びは感じますね」

小学生時代は野球少年で、毎日テレビで巨人戦に食い入っていた。ところが一足先にサッカーにのめり込んだ兄に「おまえもやれ」と連日呪文のように刷り込まれ、中学に進むと同じ道を辿る。１９８２年にはスペインワールドカップが開催され、兄は深夜の中継に熱狂し「ブラジルが凄い」と興奮していた。ジーコ、ファルカン、ソクラテス、トニーニョ・セレゾと、中盤に黄金のカルテットを揃えたブラジルが異次元の創造性を見せていた大会だった。

「僕は普通に寝ていたので見てはいないんですが、あまりに兄が繰り返すので〝サッカーだったらブラジル〟というイメージが確立されたんでしょうね」

やがて学区外の高校に進み、下宿生活を送った。この3年間はサッカーに打ち込み親に負担をかけたので、大学は自力で卒業しようと決めた。新聞奨学生になり、配達と並行して他にも様々なアルバイトをこなしたので、放っておいても貯蓄は進んだ。

「学歴をつけるためだけに大学に進むのは絶対に嫌だったんです。進学したからには、これだけは負けないという何かを確実に身につけたかった。それには語学の習得が一番判り易いですからね。その頃から、やりたい仕事のひとつとして、サッカーの通訳を漠然と浮かべていたような気がします」

東京外語大外国語学部ポルトガル語学科に進み、楽しく勉強を捗らせながら、時には「いつかジーコとも喋れるかな」などと夢想した。4年生に進級する前に休学し「日系社会青年ボランティア」として初めてブラジルへ飛ぶ。誰も行ったことのない場所で総合スポーツクラブの研修をしたいという希望が叶い、温暖な北東部の「スポルチ・レシフェ」で1年間研鑽を積んだ。ユースでは、後にブラジル代表として悪魔のようなフリーキックで一斉を風靡するジュニーニョ・ペルナンブカーノがプレーしていた。

「言いたいことは半分くらい伝えられるレベルで現地に行きましたが、とにかく最初の3か月間は一気に喋られると耳が追いつかず理解出来なかった。午前中は事務所の仕事を手伝い、午後はサッカー以外にもバスケット、バレー、水泳などいろんなスポーツの現場を研修しました。ブラジルでの1年間で、日本の大学3年間の何倍も学びました」

ブラジルでは貴重な出会いもあった。やはりブラジルサッカーに心酔する札幌大学の柴田勗監督を紹介してもらい「会って30分間で僕の就活は終わりました」と振り返る。同監督が主催するSSS札幌で小中学生の指導をすることになり、既に大方単位を取り終えていたので、大学4年時から3年半は北海道で過ごした。

「凄く楽しかったんですが、やはりいつかはプロの通訳になりたいと考えていました。札幌で指導をしている間も、ブラジルの新聞を購入して読むなど、ポルトガル語のレベルを落とさないように努力はしていたんです。でもやはりまだ通訳のレベルには到達していなかった。だからなんとかしてもう1度ブラジルへ行く方法を探したんです」

そんな時にJICA（ジャイカ＝国際協力機構）が青年ボランティアとしてブラジルでの

日本語講師を募集していることを知る。ただし1年間の通信講座の受講が義務付けられ、競争倍率も高かった。

「でもラッキーだったのは、1年間分の講座がドサッといっぺんに送られて来たことでした。突貫工事で1年間分の勉強を3か月間で終えて日本語講師の資格を取得し、試験にも合格することが出来たんです」

赴任したのは、ポルトアレグレから車で1時間ほどのイボチという田舎街で、日系人宅が40軒ほど集まっていた。

「僕に任されたのは、言わば緩い雰囲気での公民館のお兄ちゃん役でした。子供たちを集めて、卓球などをしながら一緒に戯れ、ひたすら日本語を話していれば良かった。今から思えば、ブラジル人にとって、日本語はこういうところが難しいんだな、と参考になりました」

2度目のブラジル生活で、通訳としてやって行けそうな手応えは感じ始めていた。しかし現実にJクラブとの接点が見つからない。ブラジル人が在籍するJリーグのクラブに片っ端から履歴書を送りまくるが、1つも返答がなかった。

「やはりそんなに都合良く仕事が見つかるはずもない。仕方がないので、もう1度大学で勉強をし直そうと考えていました。ちょうどレシフェから5時間くらいの田舎町に仲の良いブラジル人の友だちがいたんです。もし大学に行くならオレの所に来いよ、と言ってくれたので、近

10
TAKANORI (GANDHI) SHIRASAWA

くの大学の文学部を受験して合格。ところが観光ビザから留学生ビザへ変更の手続きを進めたいのに、大学側は〝そんなこと言われても…、とさっぱり判らない。そうこうしているうちに、日伯交流協会から浦和レッズが通訳を探しているという連絡を受けたんです」

早速クラブと連絡を取ったガンジーさんは、2日後にはブラジルから飛び立っていた。

2001年夏、浦和レッズはブラジル色に染まっていた。助っ人は、エメルソン、トゥット、アドリアーノの3人体制で、監督はチッタからピッタへと引き継がれた。

待望の職に就くことが出来て、ガンジーさんは3人の選手たちに心から尽くした。

「とにかくそれまでブラジルの人たちには本当にお世話になったんです。でもその人たちに直接恩返しは出来ない。だから代わりにレッズのブラジル選手に尽くすことが間接的な恩返しになると考えたんです。困ったことがあれば何でもサポートしようと思いました」

彼らからも100%の信頼を得て、親友になれたと思っていた。ところが唐突に、堅固だったはずの信頼関係が瓦解する。ある選手が窮地に追い込まれ、苦し紛れに「ガンジーの指示だった」と責任転嫁をしたのだ。

「物凄くショックで、全てが崩れ落ちた感じでした。あんなにやりたかった仕事だけど、もう2度とやるか、と思いました」

結局契約を全うせずに、ガンジーさんは辞職する。クラブの関係者は真相を判っていて「気にすることはない」と言ってくれたが、とても我慢が出来なかった。

「プロの通訳というよりボランティアでのサポート役みたいな感覚で、選手との距離を縮め過ぎた。だから必要以上にショックを受けたんだと思います」

だが通訳という仕事に見切りをつけ再度大学進学を検討していたガンジーさんに、今度はセレッソ大阪からオファーが来た。無条件で断ろうとすると、兄が語気を強めた。

「おまえ、何言っているんだ。あれだけやりたかった仕事だろう。せっかくまたやれる機会があるのに、自分から捨てるのか」

兄の一言で、ガンジーさんは翻意した。ただし浦和レッズでの一件で受けた心の傷が完全に癒えたわけでもなかった。

「セレッソ大阪には素晴らしいスタッフが揃っていたんです。でも最初は必要以上に距離を置き過ぎていたかもしれません。ブラジル人にも、いろんなタイプがいるわけです。だから個々で距離感を調整していく必要があった。監督やコーチなら年齢的にも家族がいるわけで、いつも一緒にいる必要はありません。でも独身の選手なら最初はかなり寂しい思いをするでしょうからね」

以来途切れることなく通訳のキャリアを重ねている。もちろん何度かの紆余曲折はあった。レヴィー・クルピの退任会見で訳しながら涙を零した人情家は、反面短気な性分も持ち合わせている。

2004年には、セレッソ大阪がクロアチア体制に移行したので、ヴィッセル神戸で仕事をした。チームはフットバレーを行い、ガンジーさんはレフェリーを務めていた。

「僕には真面目にやっている自負があったんです。だから生来負けず嫌いの播戸竜二に〝今のはライン割ったやろ〟〝どこ見てんねん、ボケ〟とか言われ、そこからはもう思い切り喧嘩ですよ。家に帰って嫁には、もう今日で通訳は辞めると言いました」

しかし妻は冷静で、毅然と言い放った。

「あんた、アホちゃうか。辞めたら、あんたが間違ってたと言うとるようなもんやろ。また浦和レッズで起こったことを繰り返すんか?」

それから6年後には、まるでガンジーさんを追いかけるように播戸がセレッソ大阪に移籍して来るのだが、「こんな話が来てるんやけど、どう思う」と、真っ先に相談を受けた。怒鳴り合い腹の中を全て吐き出すと、一切の後腐れはなく、むしろ結びつきは深まった。

2006年からセレッソ大阪に3シーズン在籍したゼ・カルロスは、感情の起伏が大きかった。特に来日して数か月間は、妊娠中の妻を母国に残してきたこともあり、口数が少なくなり沈みがちな日が目立つようになっていた。ある朝、何度話しかけても返答がないので、さすがにガンジーさんが切れた。

「寂しいのは判るけど、それはないやろう！」

「オレだって、いつもいつも明るくは振る舞えないんだよ」

これが引き金になり大口論に発展する。ただし終わってからガンジーさんはしっかりと反省した。

「ブラジルから単身で来て、やはり気持ちに波はある。もっと理解してあげなければいけないな、と思いました」

レヴィー・クルピ、セルジオ・ソアレス、さらにパオロ・アウトゥオリ。セレッソ大阪で一緒に仕事をした3人の監督は「いずれも素晴らしい監督である前に、素晴らしい人間性を備えていた」と言う。

「レヴィーは、ピッチ上の細かなことより、いつも選手たちのモチベーションを上げようと訴えかけていました。キミたちの夢は何だ、セレッソで現役生活を全うすることなのか？　欧州に羽ばたきたいんじゃないのか…。チームから出ていかれたら困るのを重々承知で、そんなことを話していました。常々レヴィーは、日本のように豊かな国に生まれた選手たちに、サッカーをやるモチベーションがどこにあるんだ、と疑問を抱いていました。逆にブラジルでは、放って置いても個々が強烈なモチベーションを持っていたので、そんな話をする必要はなかったですからね」

10

TAKANORI (GANDHI) SHIRASAWA

シンプリシオとエジノには、全員の前で彼らの貧しい少年時代の実体験を語ってもらった。2人も要望に応え、赤裸々に話した。

「訳しながら涙がこぼれそうな内容でした。シンプリシオは言いました。自分の子供たちには同じ貧しい生活をさせたくない。だからオレは頑張っている」

レヴィー・クルピは、日本の若い選手たちの才能を高く買っていた。ブラジルに帰国する時は何人かの選手を連れて帰りたがっていたほどだという。だからこそ現状に満足せず、貪欲に上を目指す心を刺激し続けた。

「サッカーの世界で何かを成し遂げたいなら、もっと一つひとつの結果に拘れ。何点決めたか、いくつゴールをアシストしたか、あるいは何回ピンチを防いだか」

口角泡を飛ばし繰り返し訴えた。

「就任してすぐにサブのボランチだった香川真司を2列目のレギュラーに抜擢したわけですが、最初から〝間違いなく欧州へ行ける〟と言い切っていました」

サッカーの監督だが、競技以上に人生を語った。

「練習中は黙って見守りプレーを止めることがありません。全てを観察した上で、誰にどんなタイミングで声をかけるか、凄く考えていました。基本的には、終わってから個別で話すことが多かったですね。いつも伝えていたのは（日本に生まれた）彼らが、いかに恵まれているか、そしてここで満足してはいけないんだ、ということでした」

2015年にチームを指揮したパオロ・アウトゥオリ監督は、対照的に緻密で繊細な戦術家だった。いきなり最初のミーティングでは「まず自分のサッカー哲学や理念を伝えたいから」と、40枚ほどの膨大な量の指針を手渡されている。

「パワーポイントを使って戦術を説明し、映像も駆使して、トレーニングの成果がどこに出ていて、でもここはまだ足りないと、凄く説得力のある解析をしていました。話す言葉も学術論文のような表現が多い。それを辞書にある通りに訳したのでは、間違ってはいなくても、判ったような判らないような話が続くことになりかねない。だからどうしたら選手たちに判り易く伝えられるのかを考えました。監督が具体的にどんなスタイルのサッカーを志向し、どんなプレーを求めているのか。選手たちがそれをイメージ出来る言葉を選ばなあかんな、と」

アウトゥオリは学術肌でありながら、尊敬できる人間性も備えていた。

「ベテランも若手も分け隔てなく、とにかく良く誉める。世界一の監督（サンパウロＦＣ時代にクラブワールドカップを制覇）に誉められて嫌な選手はいませんからね」

指揮官が「ナイスプレー！」と叫ぶと、乗せられたガンジーさんも訳す必要がないのに、思わず「ナイスプレー！」と重ねていた。

一方でガンジーさんが父を亡くして実家に戻った約1週間は、連日心のこもったメールが届いた。

「まだ会って1か月くらいしか経っていない時期でした。心から僕のことを想ってくれている。それが文面から滲み出て来るんです。絶対に見せかけではない気遣いがあった。この人のために頑張ろうと思いましたね」

良い通訳の条件とは？

しかし本来はブラジル人同様に気さくで明るいガンジーさんも、2014年は重圧を背負い辛い日々を送ることになった。セレッソ大阪が、2010年の南アフリカワールドカップで得点王を獲得したスーパースターのディエゴ・フォルランを獲得。Jリーグに久々の大物到来で注目を集めた。

「ウルグアイ代表のフォルランはスペイン語なので、僕は〝お疲れさん〟で退職になってもおかしくはなかった。でも通訳はピッチの外でのケアも凄く大事なので、そういう部分もクラブが考慮して僕に任せようと決断してくれたんだと思うんです」

ところがずっと寄り添ってきたフォルランは、シーズン終盤には出場機会さえ与えられず、チームはJ2に降格する想定外の結末を迎える。

「本当に降格が決まるまで、最後の最後はディエゴが残留ゴールを決めてくれると信じていたんです」

新しく担当する選手が来る度に、ケガだけはしないでくれ、と祈って来た。助っ人は実力が認められて入団して来る。故障がなければ試合には絡むはずだ。ましてフォルランは、世界中に名が轟くクラブ史上最高のスターである。出場も叶わない状態など、想像さえ寄り付かなかった。

「ブラジルワールドカップ（6〜7月）の前までは7ゴールと順調だったんです。でも大会を終えて戻って来てからチームの調子が上がらない。ディエゴ自身も期待されたようなパフォーマンスを見せられない。通訳として出来ることは限られているけれど、とにかく最後まで応援しているし、サポートし続けるよ、と伝えました。試合に出られなくなった頃は、聞き役に徹しました。僕が突っぱねたら、日本という国、人、文化に対して窓口が消えてしまう。じっくりと話を聞き続ける中で、タイミングを見て何度かは意見を言いました。あれだけのスターで、チーム内では断トツの得点王です。自分が出なくてチームが勝ち続けるなら納得のしようもあったでしょうけど、結果も出て来なかった。帰ると言ってもおかしくない状況でした。逃げずに最後までやり続けたのは、ディエゴだからだと思います」

10歳年下ながら、フォルランの自己管理を徹底するプロ意識には触発された。日本語を学ぼうとする姿勢も並外れていた。

「試合で前泊をした時にマンツーマンで10回くらいレッスンをしました。ディエゴが覚えたい単語を僕がメモで渡すんですが、夕食の前後に1度ずつ、さらに就寝前と起床後に復習をするので、それでほとんど頭に入ると言っていました。文法をきっちりやったわけではないので単語を並べるだけですが、チーム内でもどんどんコミュニケーションを取るようになりましたよ」

ガンジーさんは続けた。

「いかに日本語を覚えさせるか。それも通訳の大事な仕事の1つだと思うんです。せっかく日本で暮らしているのに、いつも通訳がついていないと困るという状況にはしたくない。彼らにはサッカーも含めて日本を満喫して欲しいですからね。ブルーノ・クアドロスは、セレッソ大阪からコンサドーレ札幌、FC東京へと移籍し、日本に5年間くらい滞在したんですが、久しぶりに再会してもだいたい日本語で話します。ゼ・カルロスも、時々電話をしてきますが、半分くらいは日本語を入れてきます。」

良い通訳の条件は、綺麗な言葉を駆使して訳すことより、対象者との堅固な人間関係を築くこと。特に監督の通訳を務めるようになって、そう思うようになった。

「もちろん大前提として語学力は不可欠です。でも訳が多少言葉足らずだったとしても、監督と通訳の間に信頼関係が築けていれば伝わって行く。ミーティング等では、ほんの一瞬で言葉を選ぶわけですが、おそらくそこには通訳の人間性が反映されると思うんです。例えばレヴィー(クルピ)は、サッカーだけではなく、いろんな分野の話を引っ張り出して来ます。だからどんな分野から引用されても対応できるように、常に言葉には磨きをかけるように努めています」

テーマは人間性を高めること。最近は週に2冊、年間にすれば約100冊というハイペースで読書を続けている。

「それで効果が出ているかどうかは判りません。しかし人間性を高めないと響く言葉も出て来ない。イチローさんの本を読んで、こんなフレーズに遭遇しました。〝言葉というのは何を言うかではなく、誰が言うかに尽きる。私はその誰かに値する生き方をしたい〟これだ! と思いました」

大好きなブラジルとサッカーに触れながら仕事に没頭するガンジーさんだが、反面大きな空洞を埋め切れていない感覚がある。

「チームが勝てば、スタッフ、サポーター、それに家族も含めて歓びを分かち合える。しかもそれを毎週末に味わえる。この仕事の醍醐味です。それだけにプロである以上、タイトルを獲るということには拘っていくべきだと思うんです。レヴィーもパオロも母国ブラジルでは、しっかりとタイトルを獲ってきた監督です。でも日本では獲れなかった。これではとてもじゃないけれど、プロの通訳の仕事として合格点はつけられない。やはりいつかはタイトルを手にして

10

TAKANORI (GANDHI) SHIRASAWA

みたいですよね」

完全にブラジル人気質が染み付いたガンジーさんは、ほんの少しだけ日本社会で苦手な部分がある。

「空気を読むということなんですよ。そもそも僕自身が、そんなの考えたこともない人間なので…。ブラジル人は、思ったことをはっきりと口にする。だからやり難さはないんです。でも日本人は、そこちょっと気を利かせて言ってよ、みたいな空気を醸し出して来る。それはこの仕事を何年も続けて、やっと判って来たことです。本音を言えば、話すか話さないかはプロがプロとして判断していくことだと思う部分もあります。でも日本で通訳をしていく以上、そういうことも感じ取っていかなければいけないのかな、とも考えるようになりました。〝これ言い難いんだけど、ガンジー、よろしく〟みたいなことも、引き受けていかなければならないのかもしれないですね。ま、出しゃばり過ぎずに気が利く仕事をする。それが理想なのかな…」

実は現在47歳のガンジーさんには、小学生の孫がいる。

「職場ではガンジー、家ではじいじい」

韻を踏みながら「そんな感じですかね…」と、ほんの少し照れが入った。

ひ孫が自分の仕事を理解出来るようになるまで天職を貫く。それが当面の目標だそうである。

PROFILE

間瀬秀一
SHUICHI MASE

1973年10月22日生まれ。日本体育大学を卒業後、米国、メキシコ、グアテマラ、エルサルバドル、クロアチアでプロ選手としてプレー。現役引退後はクロアチア大学でクロアチア語を学び、2003年からジェフユナイテッド市原（現在ジェフユナイテッド市原・千葉）の通訳を務めた。在籍時はイヴィツァ・オシム、アマル・オシム両監督の通訳を担当。2004年に日本サッカー協会公認C級コーチライセンス、2007年に同B級、2015年に同S級を取得。2015年、ブラウブリッツ秋田の監督に就任。

フローラン・ダバディ
FLORENT DABADIE

1974年11月1日生まれ。脚本家のジャン・ルー・ダバディを父に、元編集者を母に持つ。米国UCLAに留学後、パリ東洋学院日本語学科に入学。卒業後の1998年、映画雑誌『プレミア』の編集者として来日。ほどなくしてサッカー日本代表フィリップ・トルシエ監督の通訳に抜擢され、パーソナルアシスタントの地位を得る。現在は、『エル・ジャポン』『エル・オンライン』でライターやパーソナリティを勤めるほか、俳優、モデルとしても活動している。

鈴木徳昭

TOKUAKI SUZUKI

1961年12月3日生まれ。慶應義塾大学法学部法律学科を卒業後、日産自動車株式会社に入社、日産フットボールクラブの運営委員・強化担当。財団法人日本サッカー協会に所属。技術部副部長、強化委員会副委員長、2002年FIFAワールドカップ日本組織委員会副部長などを歴任。日産時代にオスカー監督、日本サッカー協会強化委員会時代にハンス・オフト監督の通訳を務めた。現在は日本サッカー協会事務局次長。5か国語を解し、主に英語を操る。

鈴木國弘

KUNIHIRO SUZUKI

1955年12月25日生まれ。19歳でブラジルに渡り、ポルトガル語を修得。以後、通訳またはコーディネーターとしてブラジルサッカーに携わる。1991年からは鹿島アントラーズで通訳を務め、ジーコと深い信頼関係を築き、2003年から2006年までは日本代表の通訳として監督のジーコを支えた。2013年12月に急性骨髄性白血病を発症したものの、懸命な治療により翌年社会復帰。

高橋建登

KENT TAKAHASHI

1960年12月25日生まれ。東海大学卒業後、新聞の編集に携わる。初の韓国訪問は1985年。1989年から1990年にかけて韓国・延世大学韓国語学堂に留学。1997年からベルマーレ平塚、柏レイソル、ガンバ大阪などで韓国籍選手の通訳を務める。ほか、FCWC、ACL、日本代表対韓国代表戦など大会単位での韓国語通訳、野球WBC韓国代表チームの通訳で活躍。2016年から横浜F・マリノスに通訳として加入。本名の読みは「たてと」。

山内直

SUNAO YAMAUCHI

高校卒業後にドイツへ渡航、ゲーテ・インスティトゥートでドイツ語を学ぶ。1990年に帰国し、広告代理店に入社。1993年から浦和レッズに出向、営業部へと配属されるが、ホルガー・オジェクとの契約交渉に加わった縁で同監督の通訳を務めた。1998年に日本の広告代理店へと戻ったのちもセレッソ大阪の運営に携わるなどサッカーの仕事は途切れず、2002年の日韓ワールドカップではドイツ代表のリエゾン（仲介役）に就任。2003年、浦和レッズに入社。2008年に脳出血で倒れたものの、復職を果たしている。

中山和也

KAZUYA NAKAYAMA

1978年12月11日生まれ。高校卒業後、サッカー専門学校に進学するものの、留学の夢を諦めきれずブラジルへ渡航。ジーコの兄エドゥーが創設したCFEなどでポルトガル語を磨いた。帰国後、横浜FCのマネージャー兼通訳となり、三年間を過ごす。2009年から川崎フロンターレでブラジル人選手通訳。ジュニーニョ、ジェシなど主力選手たちのよき相談役として信頼を勝ち取った。現在の夢は指導者になること。

小森隆弘

TAKAHIRO KOMORI

1971年4月16日生まれ。早稲田大学教育学部英語英文学科卒。サッカー選手としては神奈川県社会人リーグで活躍していたが、ブラジル、アメリカでプロ選手となる。スペインサッカー協会との提携により、フットサル指導メソッドを学ぶ。元フットサルスペイン代表ハビエル・ロサーノ監督、元フットサル日本代表ミゲル・ロドリゴ監督の通訳を務めたほか、自身もフットサルU-19日本代表監督として活躍。日本フットサル界に貢献している。

塚田貴志

TAKASHI TSUKADA

1978年10月30日生まれ。ベオグラード大学サッカー学科を卒業。ロプタ静岡のジュニアユース指導などを経て通訳へ。日本代表でイビチャ・オシム監督の通訳を短期間務めたのち、2009年に大分トリニータ、2011年にFC町田ゼルビア、2012年と13年にFC東京、2014年にセレッソ大阪で、それぞれランコ・ポポヴィッチ監督のセルビア語通訳。その後コンサドーレ札幌でイヴィッツァ・バルバリッチ監督の通訳を務めた。

白沢〝ガンジー〟敬典

TAKANORI SHIRASAWA

1969年7月26日生まれ。ブラジル留学でポルトガル語を習得したのち、2001年に浦和レッズで通訳を務める。以後、一時アビスパ福岡への転籍はあったものの、2002年から2015年までセレッソ大阪でレヴィー・クルピ監督やディエゴ・フォルランなど、歴代の監督・選手の通訳を務めた。2016年からアビスパ福岡に加入。独特の風貌から〝ガンジーさん〟の愛称でサッカーファンに親しまれている。

AFTERWORD あとがき

隔靴掻痒感を噛み砕く代弁者

実は本書を執筆中、我が家では大がかりな改築工事が進んでいた。監督の仕切りがおぼつかなくて現場は大混乱に陥った。家族はもちろん、職人さんたちも「こんなはずがない」の連発だった。監督は相手に詳細を伝えたつもりでも、現場がイメージを共有出来ていない。結局途中から下請け会社が入り、ベテランの代理監督が軌道修正をしてなんとか事態を収めたのだった。

代理監督は言った。

「僕たちの仕事は通訳なんですよ。お客さんは図面を見ただけでは、仕上がりをイメージすることが出来ない。そしてイメージ出来るように伝えられなければ、打ち合わせをしていないのと同じなんです」

パソコンショップや家電量販店などでも同じような隔靴掻痒感を覚えることが多い。当然店員は製品には詳しい。しかし自分で駆使する専門用語を噛み砕くことが出来ない。

サッカーの現場も似ている。どうしても業界内に浸っていると、世間の常識との乖離ぶりに鈍感になる。草サッカー仲間との会話や、少年サッカーの指導スタッフ間での談笑で、時折気づかされるのだ。

「バイタルエリア…？　なに、それ」

「クサビを入れる、ってどういうこと？」

　こうした疑問符が、僕らの戒めになっている。お気づきの方がいるかもしれないが、専門誌なら当たり前のように頻出するＦＷやＧＫも、本書では各章で初めて登場する時は、フォワード、ゴールキーパーと表記している。

　コレクティブ、アタッキングサード、デュエル…、こんなものはもっての外で、スカパー！ならともかく地上波では通用しない（はずだ）。

　こうした専門用語を解説者に平気で羅列させているディレクター（現場監督）は、どうなの？と思わず首を傾げる。視聴者は大混乱どころか、別のチャンネルに移行してしまうかもしれない。本来なら普及活動の中枢となるＪＦＡ（日本協会）が敏感に察知して指導に乗り出すべきなのだろうが、歯止めをかけようとする動きは見えて来ない。

　通訳の仕事は、単に言葉を置き換えるだけでは完結しない。むしろ重要なのは、言葉そのものより発言者の意図を正確に届けることだ。もし発言者が監督なら、監督の指示通りに選手たちが動いて初めて仕事が成立する。裏返せば、通訳には仕事を円滑に進めるために最適な言葉を選択する裁量が与えられている。ジーコと鈴木國弘氏との関係は、まさに典型だった。鈴木氏は通訳を務めている間「自分の中にジーコが入っていた」と表現する。一心同体に等しい信頼関係で、ジーコが鈴木氏に求めたのは結果だけだった。ジーコがジョークを言ったら笑いを取る。それが結果だ。だからジーコが発したブラジル流のジョークがつまらなければ、鈴木氏は日本で受ける独自のジョークに置き換える権利を与えられていた。逆に鈴木氏は、ジーコが「左サイドを走れ！」と指示したら、その選手が気持ちよく左サイドを走るための表現を探そうと努力した。

つまり通訳とは代弁者であり、だからこそ現場の仕事と代弁者の質は比例する。間瀬秀一氏のように、名監督の通訳が同じ道を辿るのも必然の流れなのだろう。20世紀末、プロリーグの誕生とともに日本サッカーは急激な右肩上がりの成長曲線を描いた。だが代弁者である通訳の価値が本当に認識されるまでは、もう少し時間を要した。当然ながらプロリーグ草創期は、辛うじて言葉の一端を橋渡しするレベルから、ピッチ上や戦術までを熟知して真意を伝える達人まで玉石混淆だった。今日のような通訳の総体的な質の向上は、そのまま日本サッカーの飛躍を別の角度から裏づけている。

インタビューをした10人の生きざまは、冒険者そのものだった。見知らぬ地へ敢然と飛び出し、時には生命の危機に直面しながらも悠然と乗り越え、大好きなサッカー界の扉をノックした。大胆で肝の座った半生を語るには、最低でも2時間、最長で4時間近くも要した。さすがにインタビューの再生確認作業が楽ではなかったが、それでも苦痛ではなく、むしろ痛快だった。最初に鈴木國弘氏に話を聞いてから脱稿まで1年半もかかったのは僕の怠惰の賜物だが、実はそれぞれの半生に深みがあり過ぎて、寄り添い噛みしめていると、なかなか次の章への切り替えが難しかった。

本書を立案してくれたのは「フットボール批評」編集長の森哲也氏である。「それでも〝美談〟になる高校サッカーの非常識」に続く共同作業になるが、名通訳並みに僕の志向、あるいは使い方を心得た編集者である。今はとにかくこんなに愉しく興味深い未知の世界へと導いてくれたことに感謝したい。そして長い時間を割いて快く協力してくれた名通訳たちの今後の活躍ぶりを、これからも注意深く追いかけていきたいと思う。

2016年5月　加部　究

加部 究 かべ・きわむ

1958年生まれ。立教大学法学部卒業。1986年メキシコワールドカップを取材するために、スポーツニッポン新聞社を3年で退社。以後フリーランスのスポーツライターに転身した。『サッカーダイジェスト』(日本スポーツ企画出版社)、『フットボール批評』(カンゼン)などに寄稿。おもな著書に『サッカーを殺すな』『サッカー移民』『大和魂のモダンサッカー』(双葉社)、『真空飛び膝蹴りの真実』(文春ユネスコ)、『祝祭』(小学館文庫)、『忠成』(ゴマブックス)、『それでも「美談」になる高校サッカーの非常識』(カンゼン)がある。

サッカー通訳戦記

戦いの舞台裏で
"代弁者"が伝えてきた言葉と魂

発行日　2016年5月20日　初版

著者　加部 究

発行人　坪井義哉

発行所　株式会社カンゼン
〒101-0021 東京都千代田区外神田2-7-1 開花ビル4F
TEL 03(5295)7723　FAX 03(5295)7725
http://www.kanzen.jp/　郵便為替 00150-7-130339

印刷・製本　株式会社シナノ

万一、落丁、乱丁などがありましたら、お取り替え致します。

ISBN 978-4-86255-320-1　Printed in Japan
定価はカバーに表示してあります。
ご意見、ご感想に関しましては、kanso@kanzen.jpまで
Eメールにてお寄せ下さい。お待ちしております。